Natalie Nar

SWEET MINIS häkeln

23 niedliche Schlüsseltiere

EMF

EIN BUCH DER
EDITION MICHAEL FISCHER

INHALT

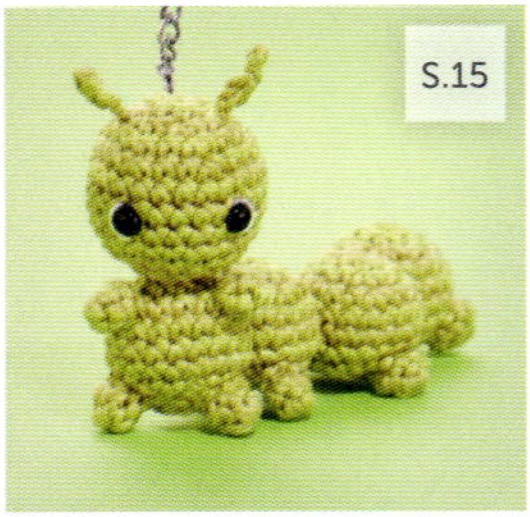

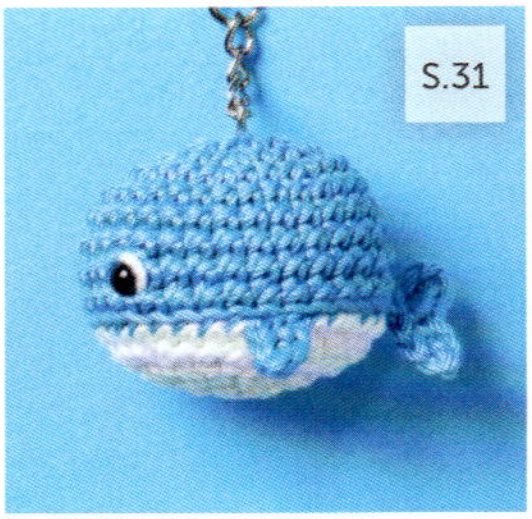

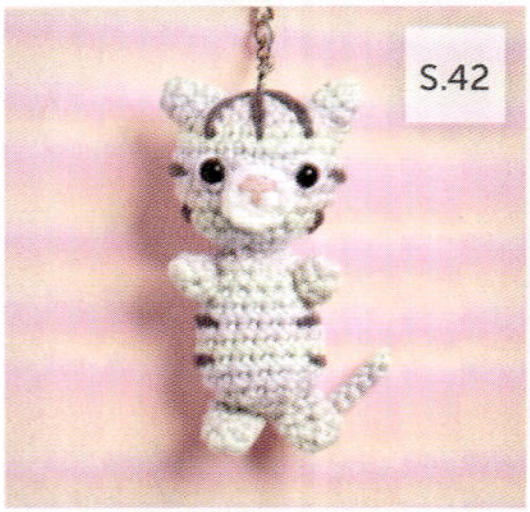

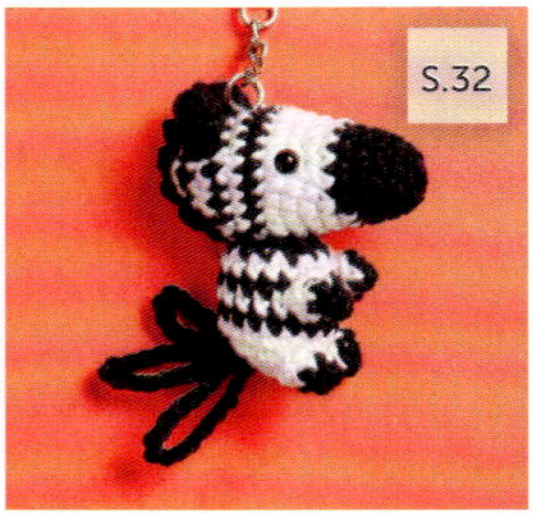

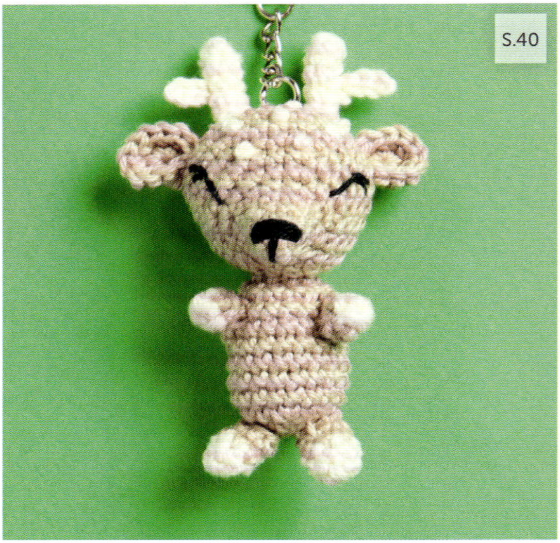

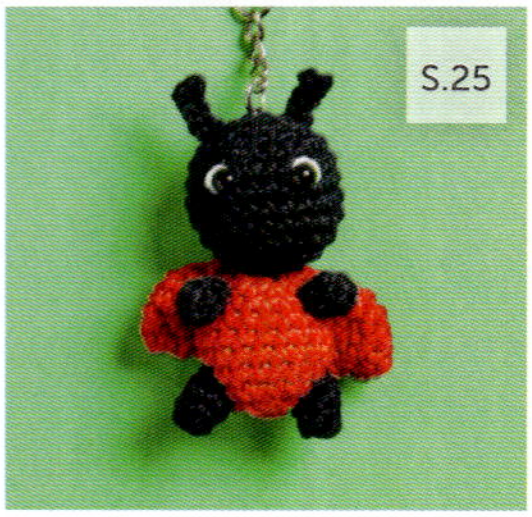

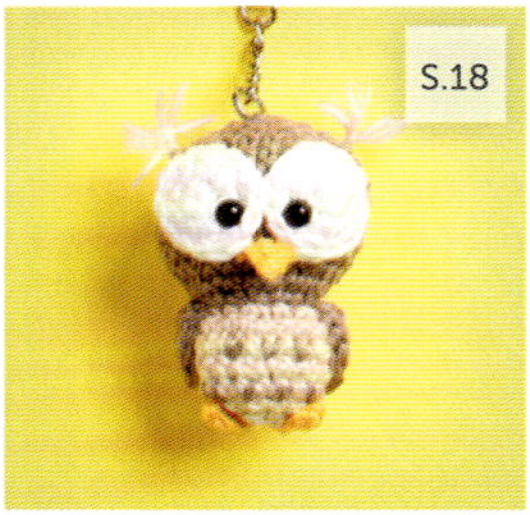

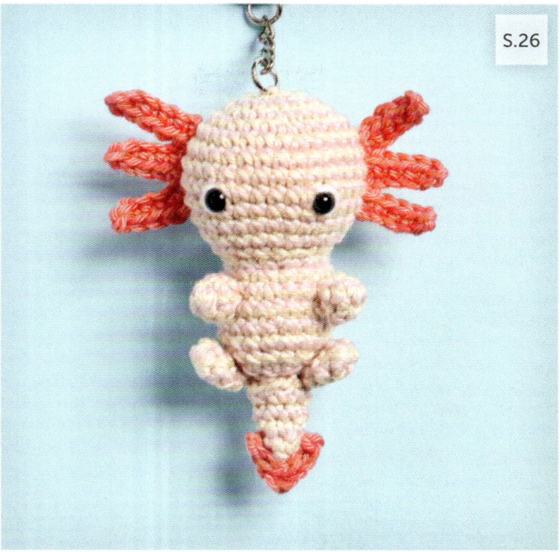

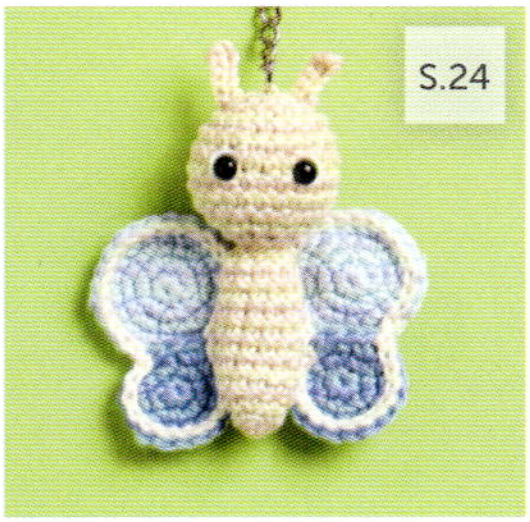

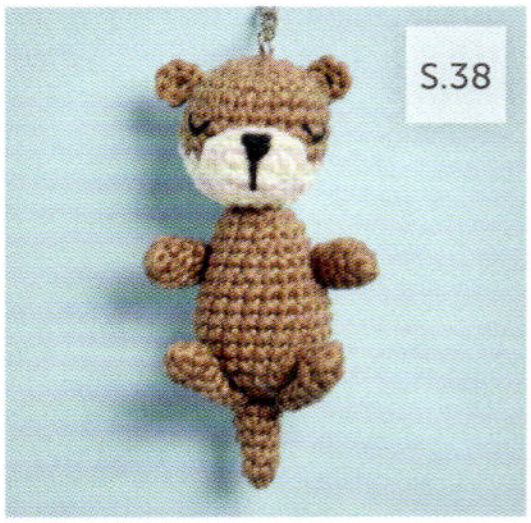

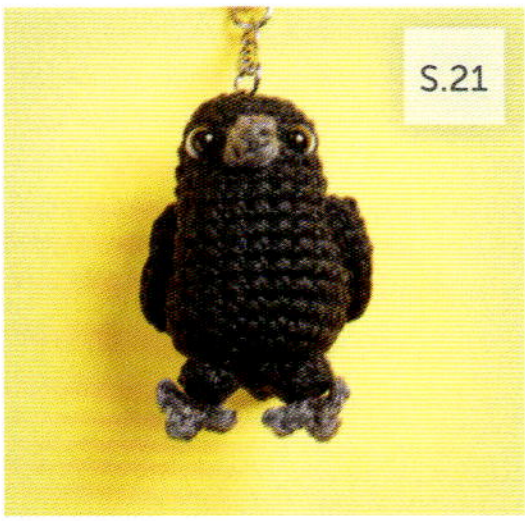

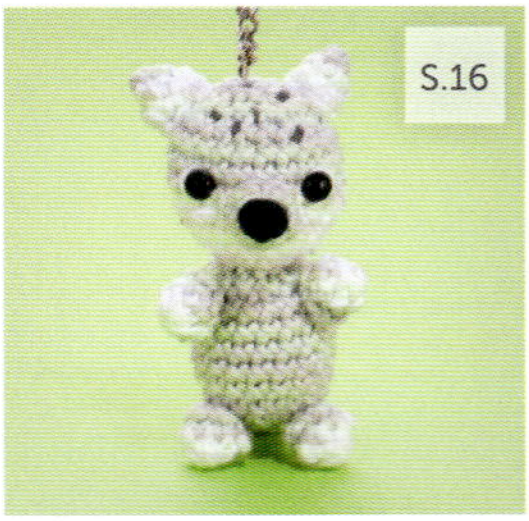

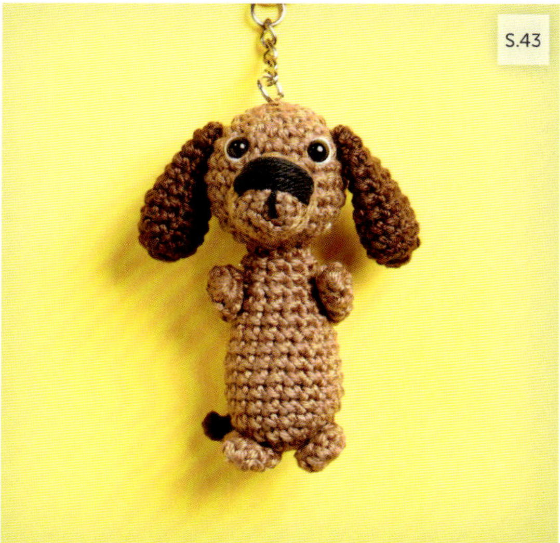
S.43

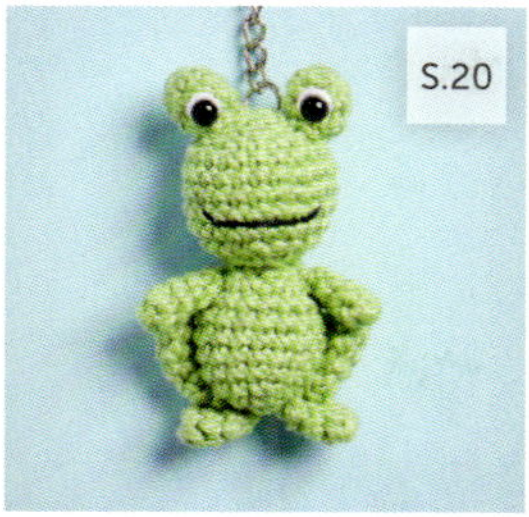
S.20

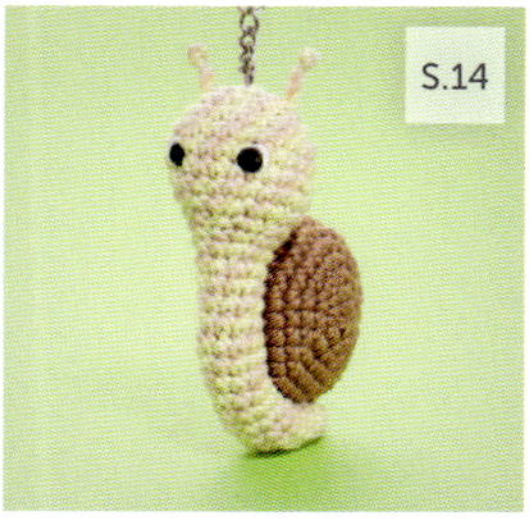
S.14

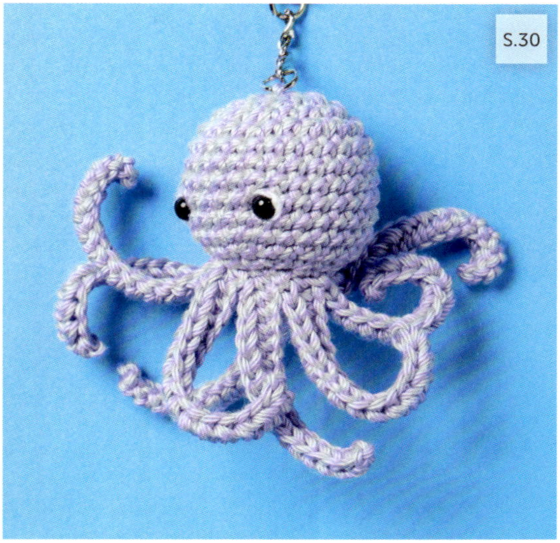
S.30

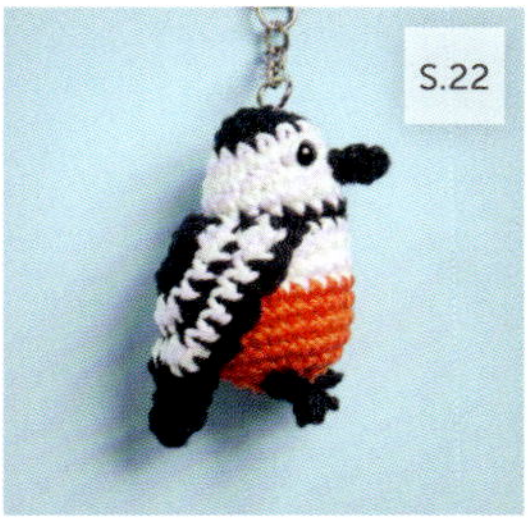
S.22

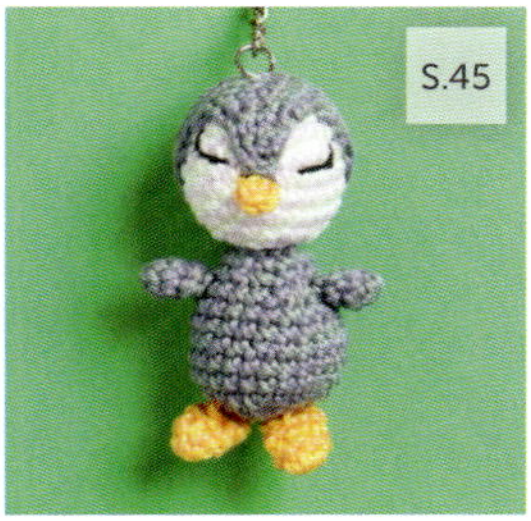
S.45

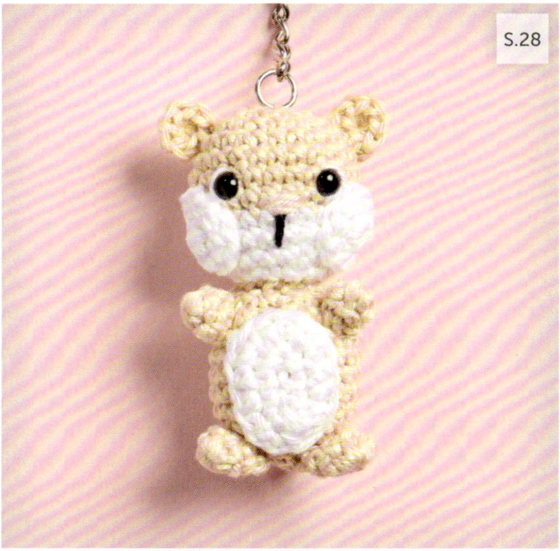
S.28

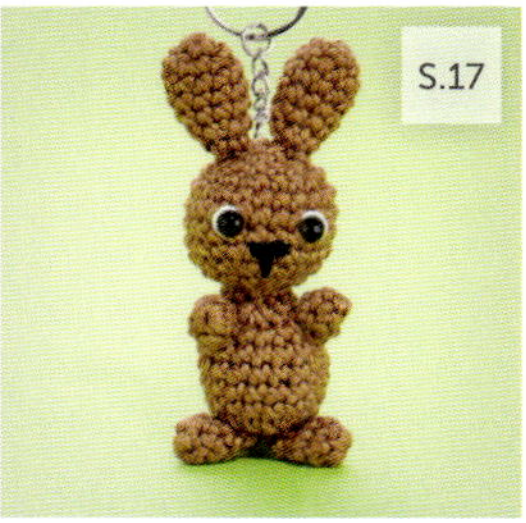
S.17

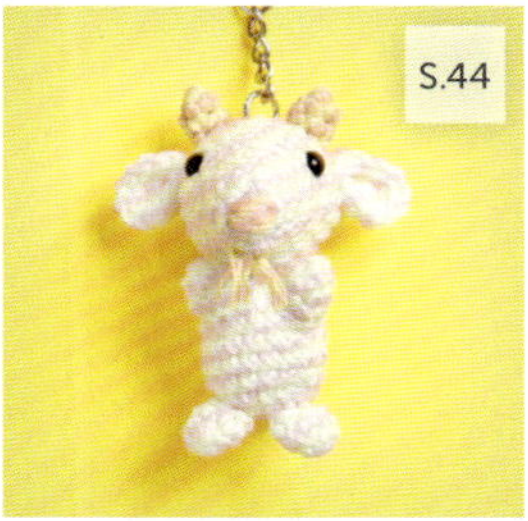
S.44

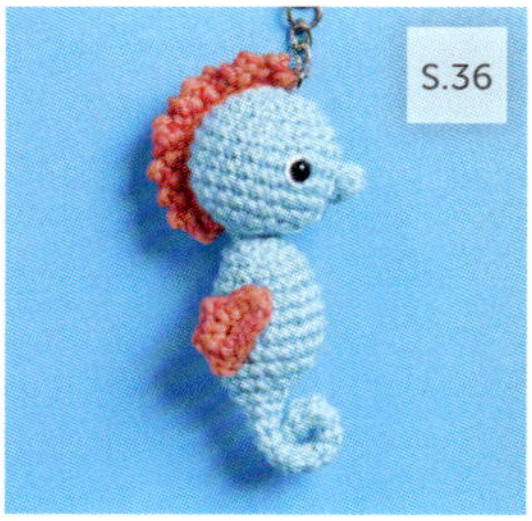
S.36

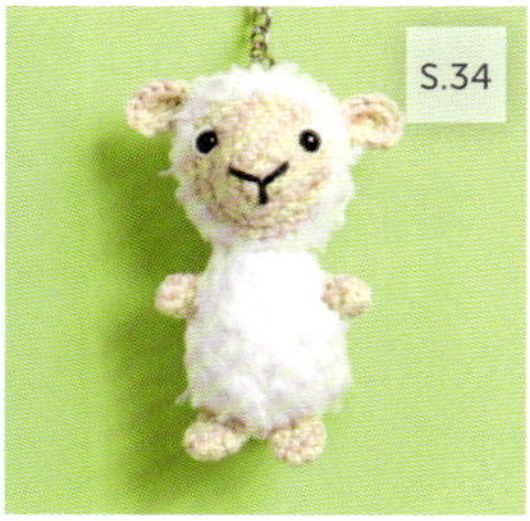
S.34

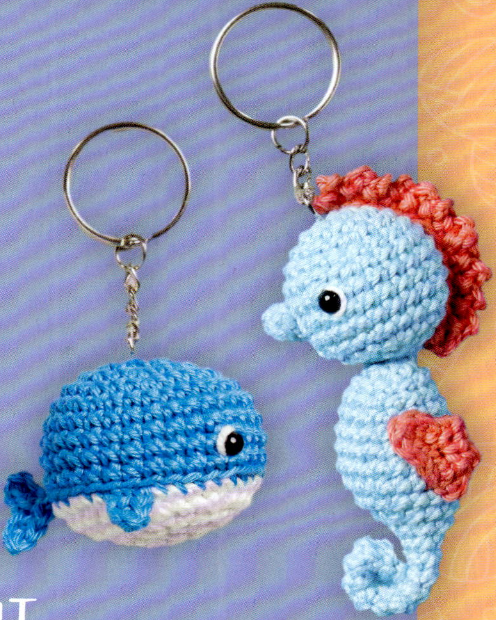

WILLKOMMEN IN DER TIERISCH NIEDLICHEN WELT DER SWEET MINIS!

In diesem Buch wirst du von süßen kleinen Tieren verzaubert, die du ganz einfach und schnell häkeln kannst. Dabei benötigst du nur wenige Materialien, um diese entzückenden Kreationen zum Leben zu erwecken. Sie werden dich stets begleiten, egal wann und wo du möchtest!

Ob du dich für Wassertiere wie den niedlichen Axolotl oder den liebenswerten Otter begeisterst oder eher Haustiere bevorzugst und dein neuer, treuer Dackel von nun an stets an deiner Seite ist – hier gibt es für jede*n Tierliebhaber*in die passenden Anleitungen.

Dieses Buch bietet dir eine vielfältige Auswahl an Waldtieren, Haustieren, Wassertieren, Vögeln, Bauernhoftieren und mehr. Egal, ob du sie als Dekoration, Geschenkidee oder als Glücksbringer verwendest, die Möglichkeiten sind endlos.

Viel Spaß beim Eintauchen in deine eigene Welt voller Tierliebe und Kreativität, während du mit diesem Häkelbuch zauberhafte Kreationen erschaffst.

Liebe Grüße

Natalie

GRUNDLAGEN UND TECHNIKEN

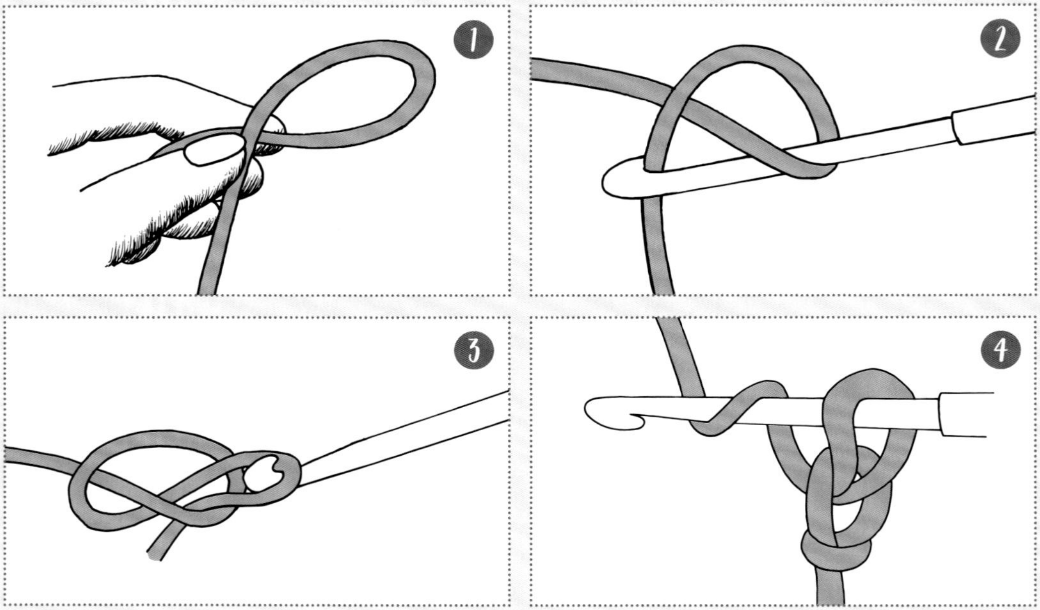

LUFTMASCHEN ANSCHLAGEN

Lege den Faden zu einer Schlinge und fixiere ihn mithilfe deines Daumens und Zeigefingers.
Der Arbeitsfaden befindet sich unten → **Bild 1.**
Stich nun mit der Nadel durch die Schlaufe und hole den Faden durch die Öffnung → **Bild 2.**
Ziehe die so entstandene Schlaufe leicht fest, indem du an beiden Fäden, dem Fadenende und dem Arbeitsfaden, ziehst. So entsteht die Anfangsschlinge, in die du nun weitere Luftmaschen häkeln kannst → **Bild 3.**

Um weitere Luftmaschen anzuschlagen, die Anfangsschlinge gut festhalten, mit der Nadel durch die Schlinge stechen, den Faden holen und wieder durch die Schlinge ziehen → **Bild 4.** So oft wie nötig wiederholen.

WENDELUFTMASCHE

Am Ende einer Reihe häkelst du eine Luftmasche, eine sogenannte Wendeluftmasche, und wendest die Arbeit.

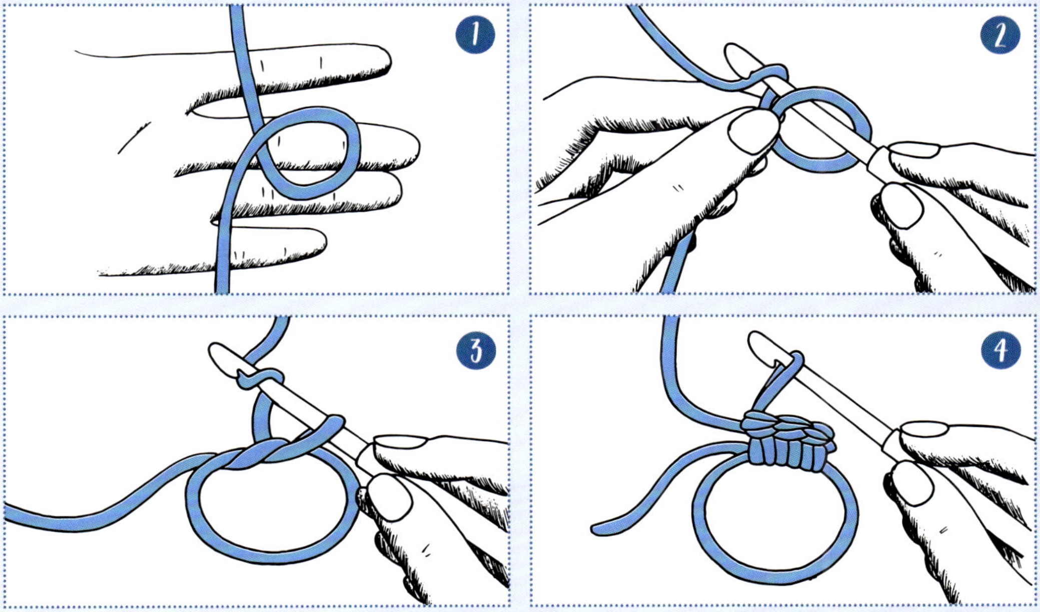

FADENRING

Bilde mit dem Garn eine Schlaufe, wobei das Ende des Fadens nach unten zeigt. Lege den Rest des Garns nach hinten über den Zeigefinger → **Bild 1.** Halte die Schlaufe mit dem Daumen und dem Zeigefinger fest, führe die Nadel durch die Schlaufe, hole den Faden und ziehe diesen durch die Schlaufe → **Bild 2.** Hole den Arbeitsfaden erneut und ziehe ihn durch die Schlinge. So wird der Ring fixiert → **Bild 3.**

Ab jetzt können die Maschen wie gewohnt gehäkelt werden. Stich dabei immer um den Ring herum, nicht in die Schlaufen des Rings hinein. Sind alle Maschen gehäkelt, kann der Ring durch Ziehen am Fadenende zusammengezogen werden → **Bild 4.**

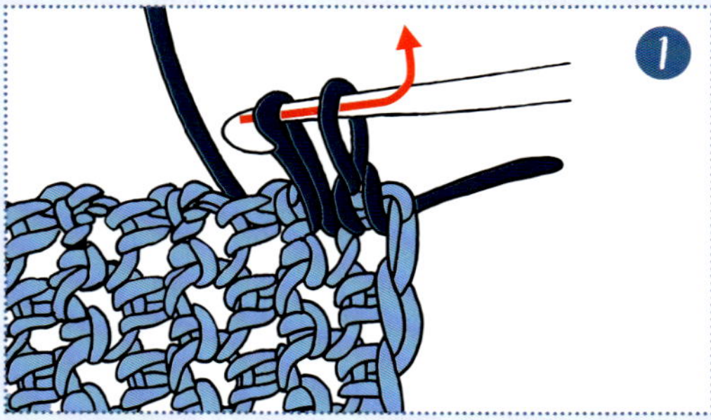

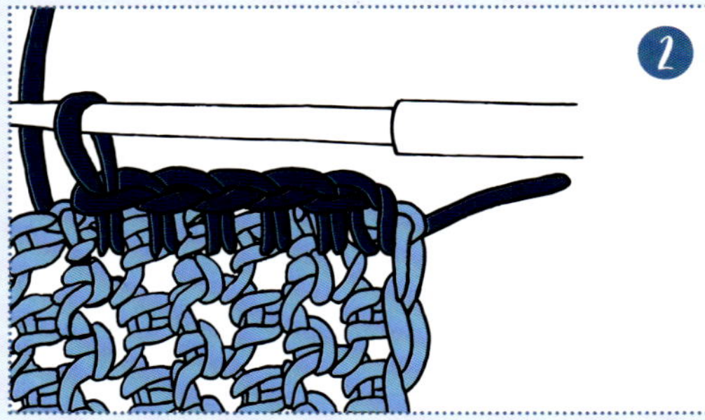

KETTMASCHE

Kettmaschen sind sehr vielfältig. Sie werden nicht nur verwendet, um Kanten zu verzieren, mit ihnen schließt man auch Runden. Um eine Kante zu verzieren, schlinge den Faden an einer Kante des Häkelstücks an. Stich unterhalb der Wendeluftmasche in die folgende Reihe ein, hole den Faden zur Schlinge und ziehe ihn durch die Schlaufe → **Bild 1**. So sieht eine mit Kettmaschen verzierte Abschlusskante aus → **Bild 2.**

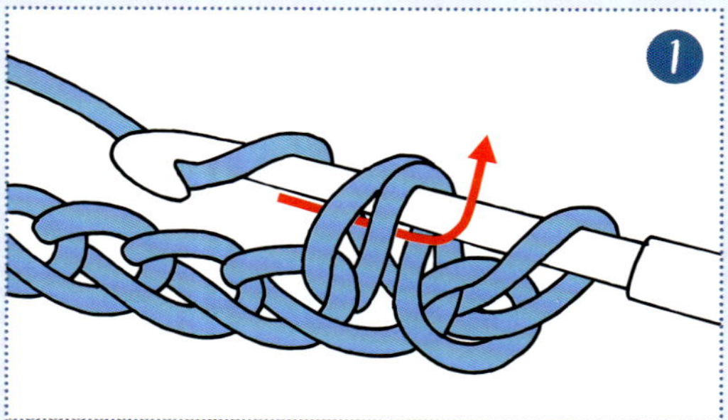

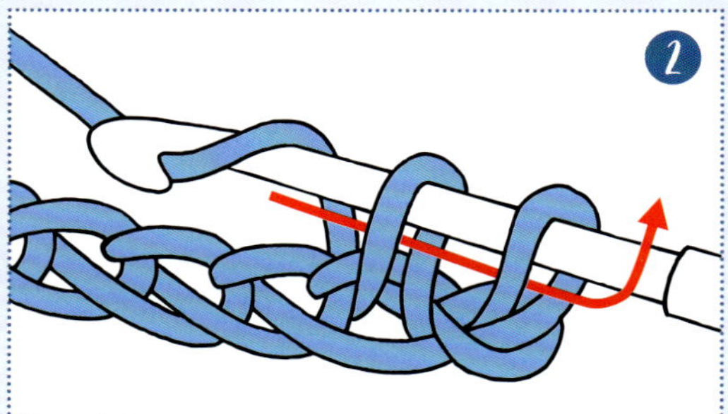

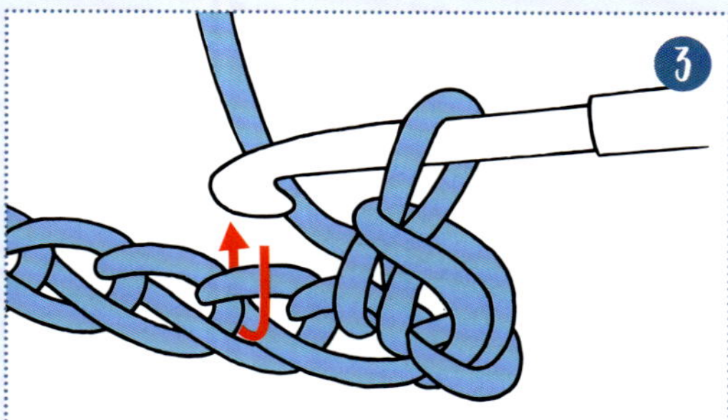

FESTE MASCHE

Stich mit der Nadel durch die folgende Masche und hole den Faden → **Bild 1.** Es befinden sich nun zwei Schlingen auf der Nadel. Hole den Arbeitsfaden erneut und ziehe ihn durch beide Schlingen auf der Nadel. Nun ist die erste feste Masche entstanden → **Bild 2.** In die nächste Einstichstelle stechen und den Vorgang wiederholen → **Bild 3.**

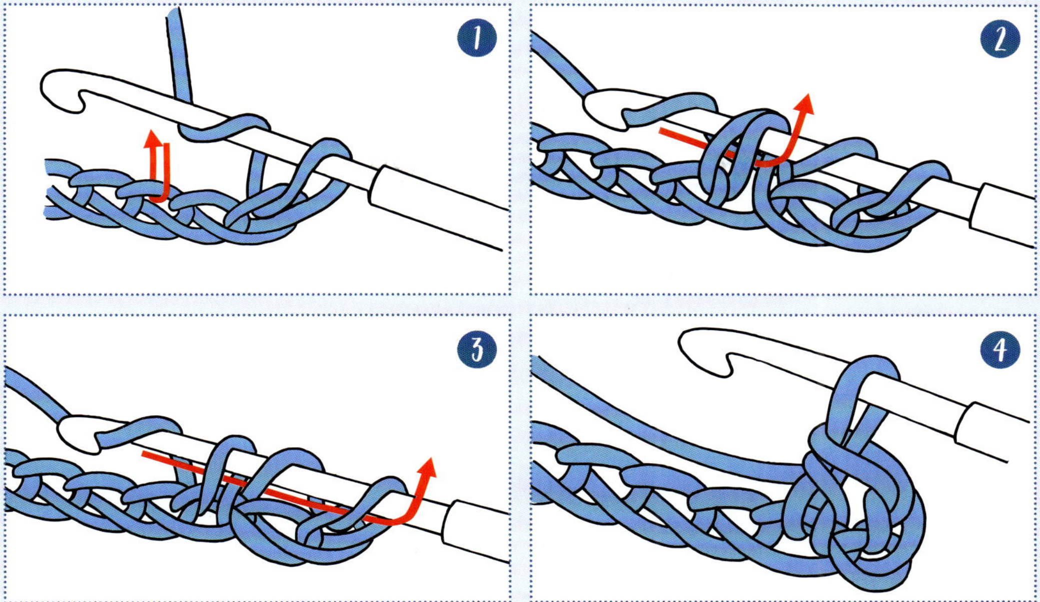

HALBES STÄBCHEN

Stich in die folgende Masche ein → **Bild 1** und hole den Faden. Es befinden sich dann drei Schlingen auf der Nadel → **Bild 2.** Hole den Faden erneut und ziehe ihn durch alle drei auf der Nadel befindlichen Schlingen → **Bild 3.** So sieht das fertige halbe Stäbchen aus → **Bild 4.**

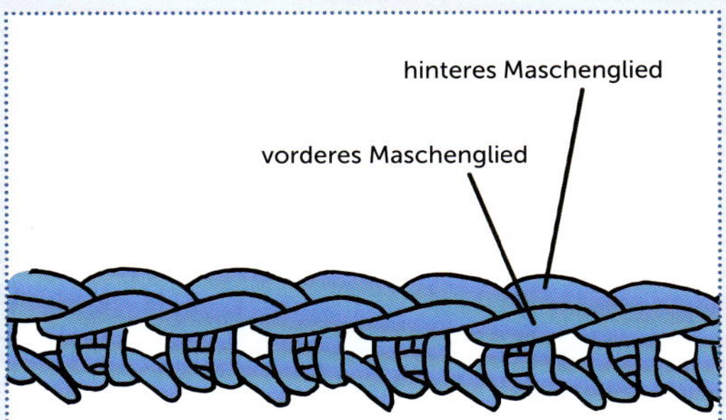

VORDERES UND HINTERES MASCHENGLIED

Bei manchen Anleitungen wird angegeben, dass man nur in ein Maschenglied häkeln soll. Diese Illustration verdeutlicht, wo sich das vordere bzw. das hintere Maschenglied befindet.

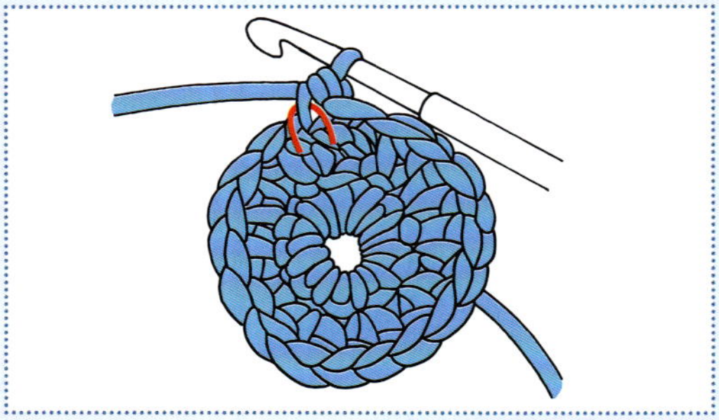

IN SPIRALRUNDEN HÄKELN

Wird in Spiralrunden gehäkelt, so wird am Ende der Runde keine Kettmasche und am Anfang der Runde keine Luftmasche gehäkelt. Die Runde läuft also einfach schneckenförmig weiter. Du kannst dir den Anfang der Runde mit einem Faden, einem Maschenmarkierer oder einer Sicherheitsnadel markieren. Das erleichtert das Zählen der Maschen.

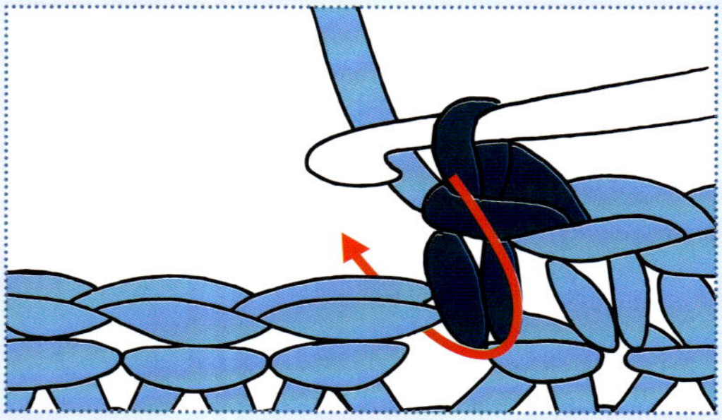

MASCHEN ZUNEHMEN/VERDOPPELN

Um Maschen jeglicher Art zuzunehmen, wird einfach in eine Einstichstelle zweimal eingestochen. Die Masche dann wie gewohnt häkeln.

1 Masche zunehmen = 1 Masche verdoppeln, also 2 Maschen in dieselbe Einstichstelle häkeln.

FESTE MASCHEN UNSICHTBAR ZUSAMMEN ABMASCHEN

Um Maschen abzunehmen, werden diese zusammen abgemascht. Bei festen Maschen wie folgt vorgehen: Die Nadel wie beim Häkeln einer festen Masche in die folgende Masche stechen und den Faden holen, diese feste Masche jedoch nicht beenden. Nun in die nachfolgende Masche einstechen und erneut den Faden holen. Es liegen drei Schlingen auf der Nadel. Den Faden erneut holen und durch alle drei Schlingen ziehen. Die Maschenzahl hat sich somit um 1 feste Masche verringert.

1 Masche abnehmen = 2 Maschen zusammen abmaschen, also 2 Maschen zusammenhäkeln, sodass nur ein Abmaschglied bleibt.

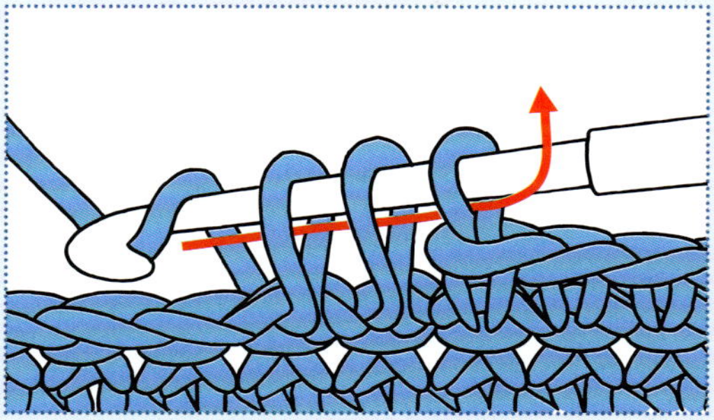

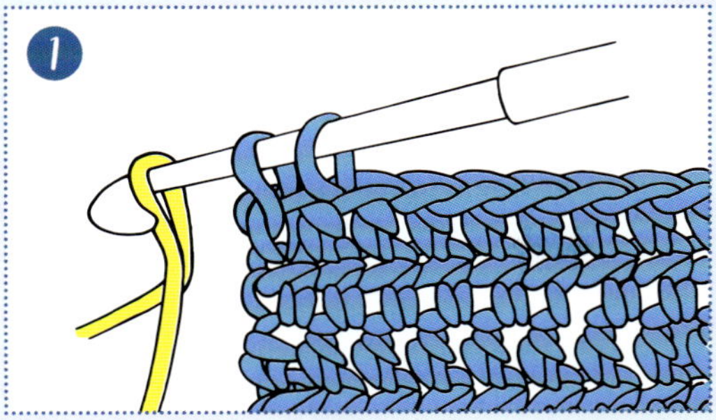

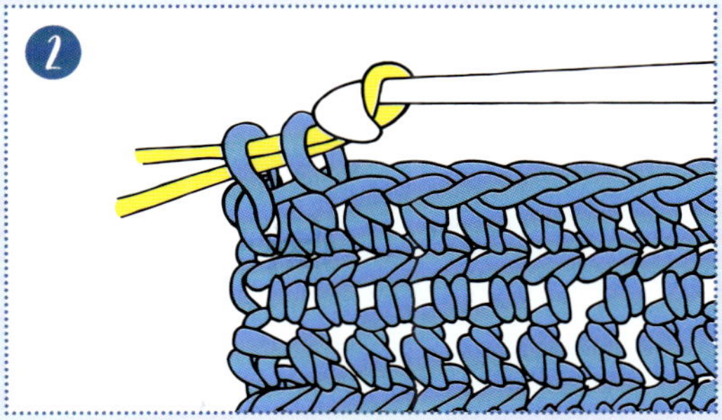

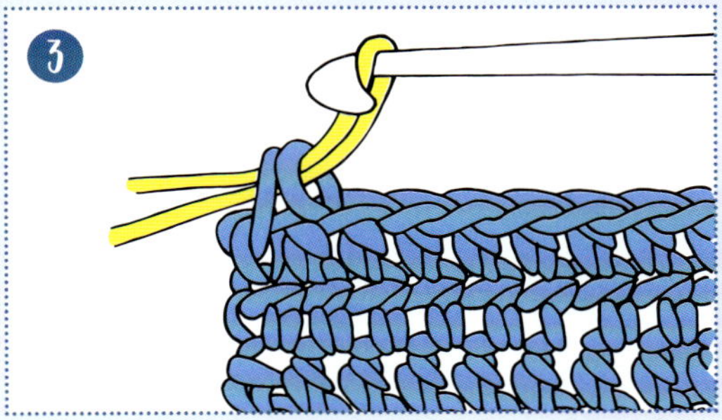

FARBWECHSEL IN REIHEN

Häkle deine Reihe bis zum Ende, masche deine letzte Masche jedoch nicht mit der alten Farbe, sondern mit der neuen Farbe ab. Dazu schlingst du die neue Farbe an → **Bild 1** ... und ziehst den Faden durch die letzten beiden Schlingen der letzten Masche → **Bild 2.** Mit dieser neuen Farbe kann nun die erste Steigeluftmasche für die nächste Reihe gehäkelt werden → **Bild 3.**

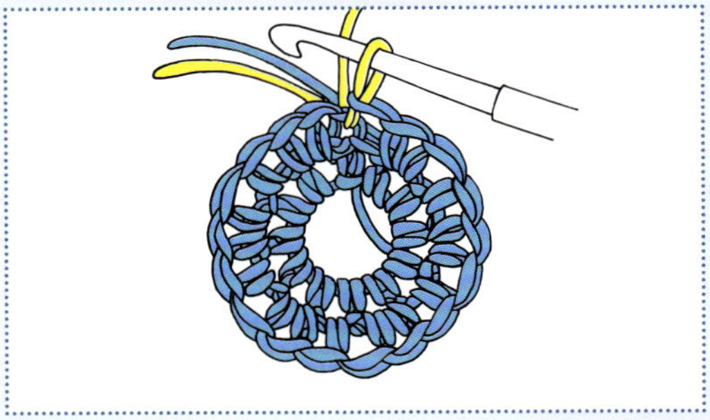

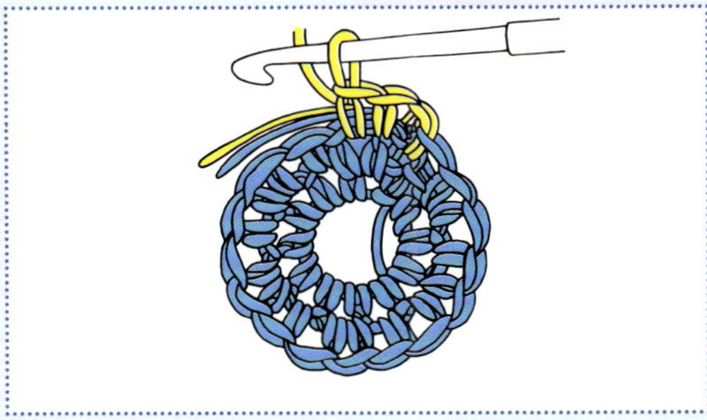

FARBWECHSEL IN RUNDEN

Schließe die Runde mit einer Kettmasche. Die Runde ist nun sauber geschlossen. Soll nun mit einer neuen Farbe weitergehäkelt werden, nimm den neuen Faden auf und bilde – je nach Art der Masche – eine (feste Masche, halbes Stäbchen), zwei (Stäbchen) oder drei Luftmaschen (Doppel- oder Dreifachstäbchen).

Die erste Masche stichst du in die gleiche Einstichstelle wie die Luftmasche und die Kettmasche. Du hast die Runde nun ohne Versatz weitergehäkelt.

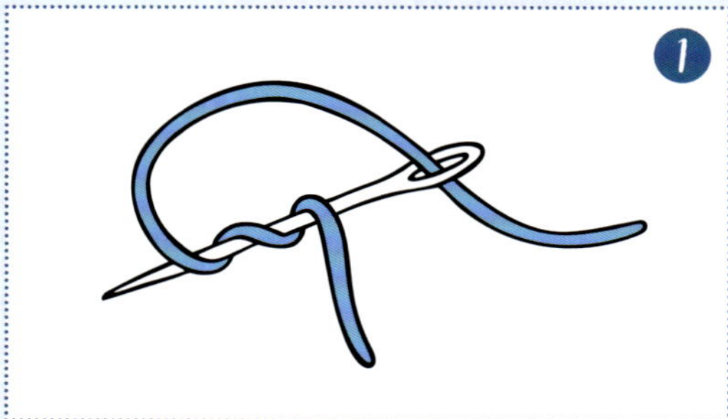

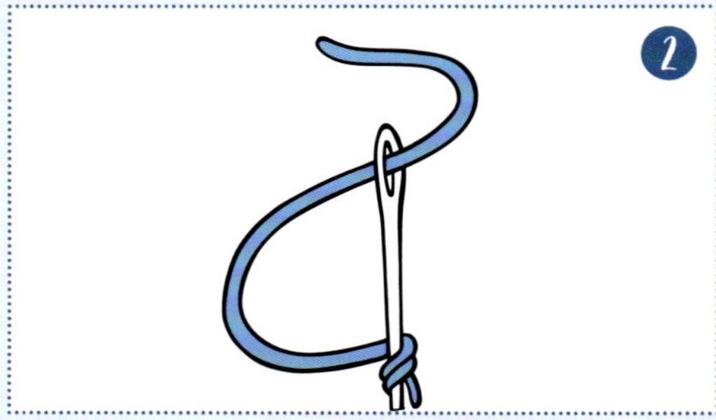

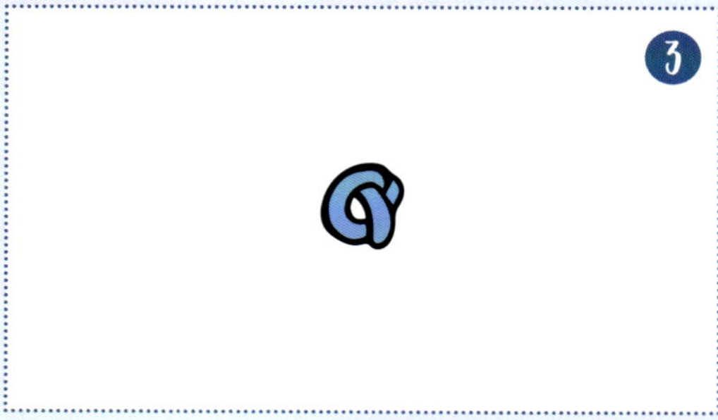

KNÖTCHENSTICH

Den Faden mehrmals um die Nadel wickeln → **Bild 1.** Dann in die Einstichstelle einstechen und den Faden fixieren → **Bild 2.**
So sieht der fertige Knötchenstich aus → **Bild 3.**

ABKÜRZUNGEN

2 fM zus = 2 feste Maschen zusammenhäkeln
fM = feste Masche(n)
FR = Fadenring
hStb = halbe(s) Stäbchen
ihM = ins hintere Maschenglied
Km = Kettmasche(n)
Lm = Luftmasche(n)
M = Masche(n)
Mg = Maschenglied
Nd = Nadel
R = Reihe(n)
Rd = Runde(n)
Stb = Stäbchen
verd = verdoppeln
wdh = wiederholen

MATERIALIEN

♡ Alle Häkelanleitungen können mit beliebigem Garn nachgehäkelt werden. Die Größe der jeweiligen Figur kann aufgrund der Dicke des Garns größer oder kleiner ausfallen. Die gezeigten Figuren in diesem Buch wurden aus den Garnen von Schachenmayr (Catania, Baby Smiles Lenja Soft), Scheepjes (Catona) und Buttinette (Woll Butt Camilla) gefertigt.

♡ Je nach Projekt und verwendetem Garn wurden Häkelnadeln der Größen 2,5 mm und 3,0 mm verwendet. Es wird empfohlen, die angegebene Nadelstärke auf der Banderole des jeweiligen benutzten Garns zu verwenden.

♡ Um den Rundenbeginn zu kennzeichnen, eignen sich Maschenmarkierer. Ein kurzer Restfaden kann hierfür ebenso verwendet werden.

♡ Alle Figuren werden mit Füllwatte aus Polyester ausgestopft.

♡ Um Restfäden zu vernähen, einzelne Teile zusammenzufügen und Details aufzusticken, wird eine Wollnadel verwendet.

♡ Für die Minis wurden Sicherheitsaugen mit einem Durchmesser von 5 mm verwendet.

SCHWIERIGKEITSGRADE

Die Schwierigkeitsgrade geben an, wie schwer oder aufwendig ein Projekt ist. Vor allem für Häkelanfänger*innen sehr hilfreich.

♥♡♡ EINFACH
♥♥♡ MITTEL
♥♥♥ SCHWER

SCHLÜSSELANHÄNGER

Um aus einer Figur einen Anhänger zu gestalten, wird diese an einem Schlüsselanhänger (hier mit einer Länge von 25 mm) befestigt.

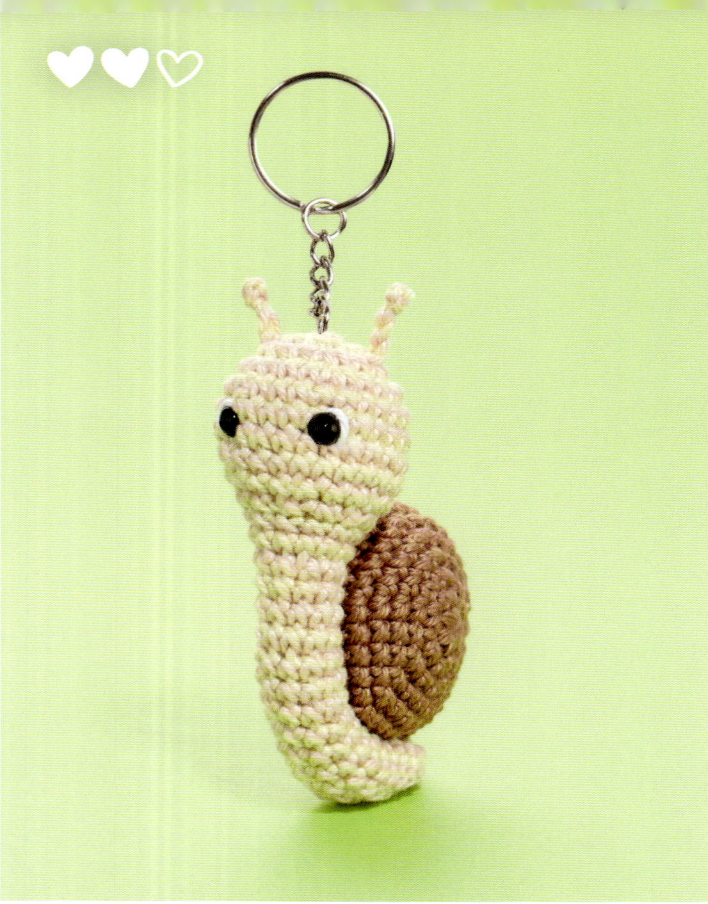

SCHNECKE

GRÖSSE
6–8 cm

HINWEIS
Wenn nicht anders angegeben, mit hellbraunem Garn häkeln.

KOPF UND KÖRPER

Kopf und Körper von oben nach unten in einem Stück arbeiten.
1. Rd: 6 fM in FR arbeiten. (6)
2. Rd: Jede M verd. (12)
3. Rd: Jede 2. M verd. (18)
4. Rd: Jede 3. M verd. (24)
5.–8. Rd: 24 fM häkeln. (24)
Die Augen zwischen der 6. und 7. Rd mit 4 M Abstand einsetzen.
9. Rd: *2 fM, 2 fM zus*, von * bis * noch 5 x wdh. (18)
Den Kopf mit Füllmaterial ausstopfen. Den Körper von nun an nur leicht immer wieder mit Füllmaterial ausstopfen.
10. Rd: *1 fM, 2 fM zus*, von * bis * noch 5 x wdh. (12)
11. Rd: 12 fM häkeln. (12)
12. Rd: *2 fM, 2 fM zus*, von * bis * noch 2 x wdh. (9)
13.–27. Rd: 9 fM häkeln. (9)
28. Rd: *1 fM, 2 fM zus*, von * bis * noch 2 x wdh. (6)
29. Rd: *2 fM zus*, von * bis * noch 2 x wdh. (3)
Arbeit beenden und lose Fadenenden vernähen. Mit weißem Garn die Augen besticken.

SCHNECKENHAUS

Mit mittelbraunem Garn beginnen.
1. Rd: 6 fM in FR arbeiten. (6)
2. Rd: Jede M verd. (12)
3. Rd: Jede 2. M verd. (18)
4. Rd: Jede 3. M verd. (24)
5. Rd: Jede 4. M verd. (30)
6. Rd: Jede 5. M verd. (36)
7.–8. Rd: 36 fM häkeln. (36)
9. Rd: *4 fM, 2 fM zus*, von * bis * noch 5 x wdh. (30)
10. Rd: *3 fM, 2 fM zus*, von * bis * noch 5 x wdh. (24)
11. Rd: *2 fM, 2 fM zus*, von * bis * noch 5 x wdh. (18)
Von nun an immer wieder mit Füllmaterial ausstopfen.
12. Rd: *1 fM, 2 fM zus*, von * bis * noch 5 x wdh. (12)
13. Rd: *2 fM zus*, von * bis * noch 5 x wdh. (6)
Arbeit beenden, dabei den Faden lang genug stehen lassen.
Den Faden zwischen der 7. und 8. Rd durchholen und das Schneckenhaus an den Körper nähen.

FÜHLER (2 X HÄKELN)

4 Lm anschlagen.
Arbeit beenden, dabei den Anfangs- sowie Endfaden lang genug stehen lassen. Mit dem Anfangsfaden zwei Knoten auf die 1. Lm knoten. An beiden Fäden ziehen. Anfangsfaden abschneiden und die Fühler oben an den Kopf nähen.

RAUPE

GRÖSSE
6–8 cm

HINWEIS
Wenn nicht anders angegeben, mit hellgrünem Garn häkeln.

KÖRPER (4 X HÄKELN)

1. Rd: 6 fM in FR arbeiten. (6)
2. Rd: Jede M verd. (12)
3. Rd: Jede 2. M verd. (18)
4.–6. Rd: 18 fM häkeln. (18)
Von nun an immer wieder mit Füllmaterial ausstopfen.
7. Rd: *1 fM, 2 fM zus*, von * bis * noch 5 x wdh. (12)
8. Rd: *2 fM zus*, von * bis * noch 5 x wdh. (6)
Arbeit beenden, dabei den Faden lang genug stehen lassen.
Alle Körperteile, ein wenig versetzt zueinander, aneinandernähen.

KOPF

Den Kopf nach der Anleitung für den Hasen auf Seite 17 häkeln. Mit weißem Garn die Augen besticken. Kopf an den Körper nähen.

FUSS (8 X HÄKELN)

1. Rd: 5 fM in FR arbeiten. (5)
2. Rd: 5 fM häkeln. (5)
1 Km in die 1. M.
Die Füße nicht ausstopfen. Arbeit beenden, dabei den Faden zum Annähen lang genug stehen lassen. Es werden je zwei Füße an die Unterseite eines Teils des Körpers genäht.

ARM (2 X HÄKELN)

Die Arme nach der Anleitung der Füße häkeln. Die Arme seitlich am vordersten Körperteil annähen.

FÜHLER (2 X HÄKELN)

Die Fühler nach der Anleitung für die Schnecke auf Seite 14 häkeln. Fühler oben an den Kopf nähen.

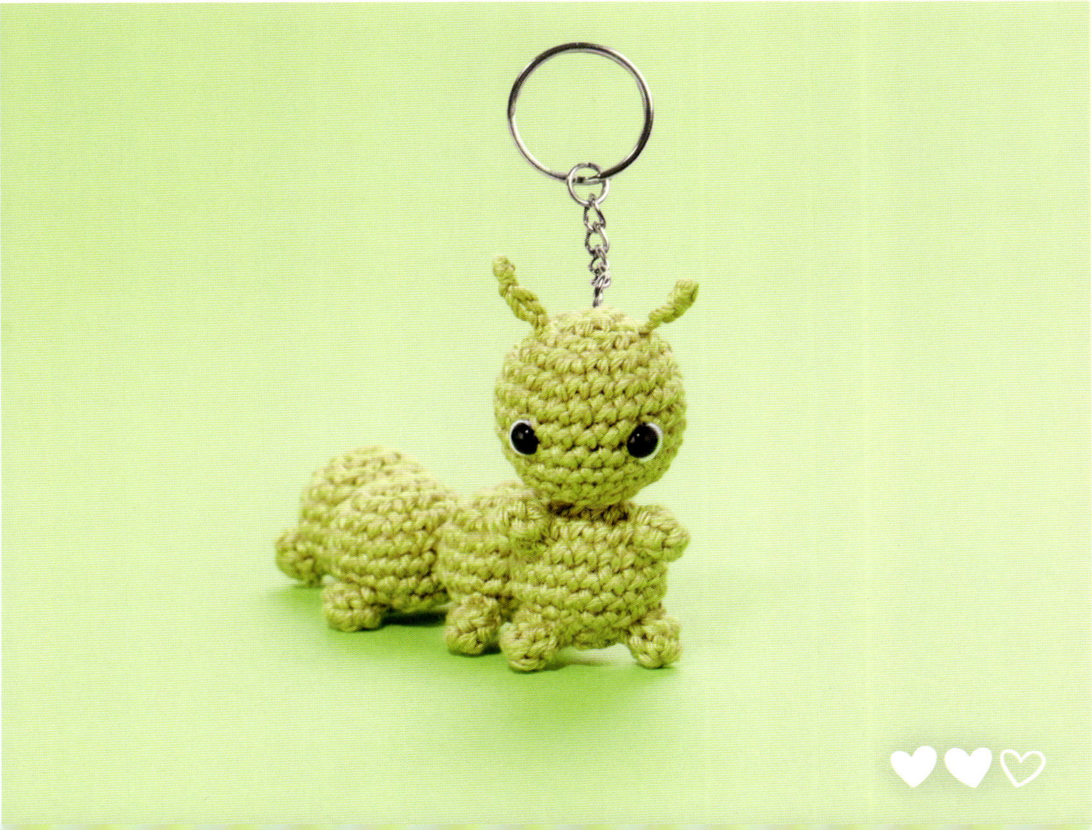

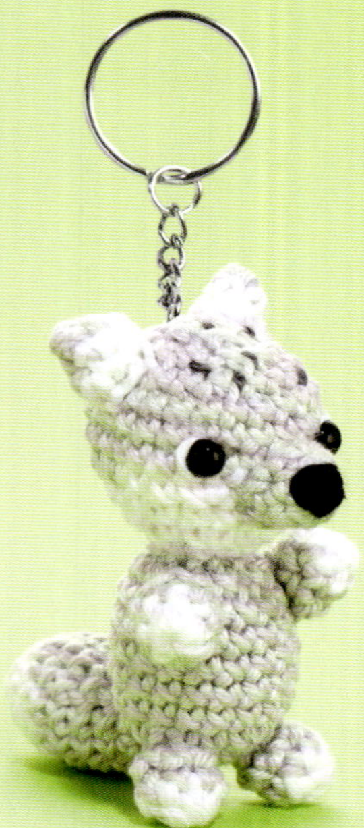

WOLF

GRÖSSE
6–8 cm

HINWEIS
Wenn nicht anders angegeben, mit hellgrauem Garn häkeln.

KÖRPER

1. Rd: 6 fM in FR arbeiten. (6)
2. Rd: Jede M verd. (12)
3. Rd: Jede 2. M verd. (18)
4.–8. Rd: 18 fM häkeln. (18)
9. Rd: *1 fM, 2 fM zus*, von * bis * noch 5 x wdh. (12)
Mit Füllmaterial ausstopfen.
Arbeit beenden, dabei den Faden lang genug stehen lassen, um damit den Kopf anzunähen.

KOPF

Mit weißem Garn beginnen.
1. Rd: 6 fM in FR arbeiten. (6)
2. Rd: Jede M verd. (12)
3. Rd: Jede 2. M verd. (18)
4. Rd: 18 fM häkeln. (18)
5. Rd: Jede 3. M verd. (24)
Zu hellgrauem Garn wechseln.
6.–8. Rd: 24 fM häkeln. (24)
Die Augen zwischen der 6. und 7. Rd mit 5 M Abstand einsetzen.
9. Rd: *2 fM, 2 fM zus*, von * bis * noch 5 x wdh. (18)
Von nun an immer wieder mit Füllmaterial ausstopfen.
10. Rd: *1 fM, 2 fM zus*, von * bis * noch 5 x wdh. (12)
11. Rd: *2 fM zus*, noch 5 x wdh. (6)
Arbeit beenden und lose Fadenenden vernähen.
Mit weißem Garn die Augen besticken. Mit dunkelgrauem Garn Flecken auf die Oberseite des Kopfes sticken.
Den Kopf an den Körper nähen.

SCHNAUZE

1. Rd: 5 fM in FR arbeiten. (5)
2. Rd: 5 fM häkeln. (5)
3. Rd: Jede M verd. (10)
1 Km in die 1. M.
Die Schnauze nicht ausstopfen. Arbeit beenden, dabei den Faden zum Annähen lang genug stehen lassen.
Zwischen der 4. und 6. Rd des Kopfes annähen. Die Spitze der Nase mit schwarzem Garn besticken.

OHR (2 X HÄKELN)

1. Rd: 4 fM in FR arbeiten. (4)
Zu weißem Garn wechseln.
2. Rd: Jede 2. M verd. (6)
3. Rd: 6 fM häkeln. (6)
Die Ohren nicht ausstopfen.
Arbeit beenden, dabei den Faden zum Annähen lang genug stehen lassen. Die Ohren oben an den Kopf nähen.

FUSS (2 X HÄKELN)

Mit weißem Garn beginnen.
1. Rd: 6 fM in FR arbeiten. (6)
Zu hellgrauem Garn wechseln.
2.–3. Rd: 6 fM häkeln. (6)
Die Füße nicht ausstopfen. Arbeit beenden, dabei den Faden zum Annähen lang genug stehen lassen.
Die Füße an die Unterseite des Körpers nähen.

ARM (2 X HÄKELN)

Die Arme nach der Anleitung der Füße häkeln. Die Arme seitlich an den Körper nähen.

SCHWANZ

Mit weißem Garn beginnen.
1. Rd: 4 fM in FR arbeiten. (4)
2. Rd: Jede 2. M verd. (6)
3. Rd: Jede 3. M verd. (8)
4. Rd: Jede 4. M verd. (10)
Zu hellgrauem Garn wechseln.
5. Rd: Jede 5. M verd. (12)
6.–7. Rd: 12 fM häkeln. (12)
Von nun an immer wieder mit Füllmaterial ausstopfen.
8. Rd: *4 fM, 2 fM zus*, von * bis * noch 1 x wdh. (10)
9. Rd: *3 fM, 2 fM zus*, von * bis * noch 1 x wdh. (8)
Arbeit beenden, dabei den Faden zum Annähen lang genug stehen lassen. Den Schwanz hinten an den Körper nähen.

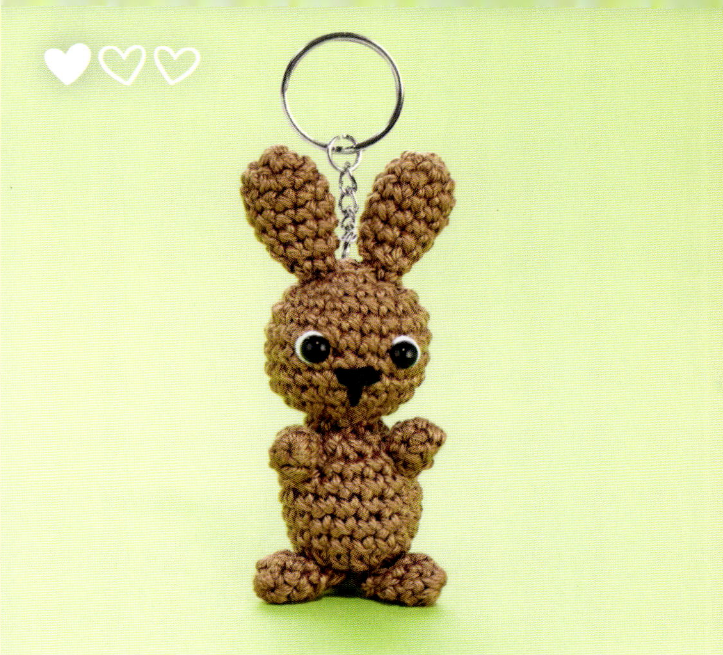

HASE

GRÖSSE
6–8 cm

HINWEIS
Wenn nicht anders angegeben, mit mittelbraunem Garn häkeln.

KÖRPER

1. Rd: 6 fM in FR arbeiten. (6)
2. Rd: Jede M verd. (12)
3. Rd: Jede 2. M verd. (18)
4.–8. Rd: 18 fM häkeln. (18)
9. Rd: *1 fM, 2 fM zus*, von * bis * noch 5 x wdh. (12)
Mit Füllmaterial ausstopfen. Arbeit beenden, dabei den Faden lang genug stehen lassen, um damit den Kopf anzunähen.

KOPF

1. Rd: 6 fM in FR arbeiten. (6)
2. Rd: Jede M verd. (12)
3. Rd: Jede 2. M verd. (18)
4. Rd: Jede 3. M verd. (24)
5.–8. Rd: 24 fM häkeln. (24)
Die Augen zwischen der 6. und 7. Rd mit 4 M Abstand einsetzen.
9. Rd: *2 fM, 2 fM zus*, von * bis * noch 5 x wdh. (18)
Von nun an immer wieder mit Füllmaterial ausstopfen.
10. Rd: *1 fM, 2 fM zus*, von * bis * noch 5 x wdh. (12)
11. Rd: *2 fM zus*, von * bis * noch 5 x wdh. (6)
Arbeit beenden und lose Fadenenden vernähen. Mit schwarzem Garn eine Nase aufsticken und mit weißem Garn die Augen besticken. Den Kopf an den Körper nähen.

OHR (2 X HÄKELN)

1. Rd: 5 fM in FR arbeiten. (5)
2. Rd: Jede M verd. (10)
3.-5. Rd: 10 fM häkeln. (10)
6. Rd: *3 fM, 2 fM zus*, von * bis * noch 1 x wdh. (8)
7. Rd: 1 fM, 2 fM zus, 2 fM, 2 fM zus, 1 fM. (6)
Die Ohren nicht ausstopfen. Arbeit beenden, dabei den Faden zum Annähen lang genug stehen lassen. Die Ohren oben an den Kopf nähen.

FUSS (2 X HÄKELN)

1. Rd: 6 fM in FR arbeiten. (6)
2.–4. Rd: 6 fM häkeln. (6)
Die Füße nicht ausstopfen. Arbeit beenden, dabei den Faden zum Annähen lang genug stehen lassen. Die Füße an die Unterseite des Körpers nähen.

ARM (2 X HÄKELN)

1. Rd: 5 fM in FR arbeiten. (5)
2.–3. Rd: 5 fM häkeln. (5)
Die Arme nicht ausstopfen. Arbeit beenden, dabei den Faden zum Annähen lang genug stehen lassen. Die Arme seitlich an den Körper nähen.

SCHWANZ

1. Rd: 5 fM in FR arbeiten. (5)
2. Rd: Jede M verd. (10)
3. Rd: *2 fM zus*, von * bis * noch 4 x wdh. (5)
Den Schwanz nicht ausstopfen. Arbeit beenden, dabei den Faden zum Annähen lang genug stehen lassen. Den Schwanz hinten an den Körper nähen.

EULE

GRÖSSE
6–8 cm

HINWEIS
Wenn nicht anders angegeben, mit mittelbraunem Garn häkeln.

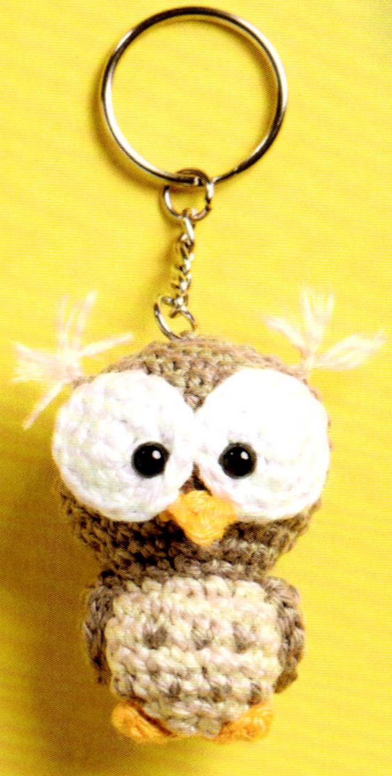

AUGE (2 X HÄKELN)

Mit weißem Garn beginnen.
1. Rd: 5 fM in FR arbeiten. (5)
2. Rd: Jede M verd. (10)
3. Rd: Jede 2. M verd. (15)
1 fM ihM.
Arbeit beenden, dabei den Faden zum Annähen lang genug stehen lassen. Die Augen zwischen der 2. und 3. Rd einsetzen.

KOPF UND KÖRPER

Kopf und Körper von oben nach unten in einem Stück arbeiten.
1. Rd: 6 fM in FR arbeiten. (6)
2. Rd: Jede M verd. (12)
3. Rd: Jede 2. M verd. (18)
4. Rd: Jede 3. M verd. (24)
5. Rd: Jede 4. M verd. (30)
6.–10. Rd: 30 fM häkeln. (30)
Von nun an immer wieder mit Füllmaterial ausstopfen.
11. Rd: *3 fM, 2 fM zus*, von * bis * noch 5 x wdh. (24)
Die Augen zwischen der 8. und 9. Rd mit 3 M Abstand einsetzen.
12. Rd: *2 fM, 2 fM zus*, von * bis * noch 5 x wdh. (18)
13. Rd: *1 fM, 2 fM zus*, von * bis * noch 5 x wdh. (12)
Zu hellbraunem Garn wechseln.
14. Rd: Jede 2. M verd. (18)
15. Rd: Jede 3. M verd. (24)
16. Rd: 24 fM häkeln. (24)
17. Rd: *2 fM, 2 fM zus*, von * bis * noch 5 x wdh. (18)
18. Rd: 18 fM häkeln. (18)
19. Rd: *1 fM, 2 fM zus*, von * bis * noch 5 x wdh. (12)
20. Rd: *2 fM zus*, von * bis * noch 5 x wdh. (6)
Arbeit beenden und lose Fadenenden vernähen. Mit mittelbraunem Garn Zacken auf den Bauch sticken.

SCHNABEL

Mit orangefarbenem Garn 4 Lm anschlagen, in die 2. Lm von der Nd aus einstechen, 1 Km, 1 hStb, 1 Stb. Arbeit beenden, dabei den Faden zum Annähen lang genug stehen lassen. Den Schnabel mittig unter die Augen annähen.

OHR (2 X ANFERTIGEN)

Mit einem 2 cm kurzen, hellbraunen Fadenstück durch eine M links sowie rechts seitlich auf Höhe der 4. Rd des Kopfes bis zur Hälfte durchziehen und verknoten. Auf 1 cm kürzen und aufdröseln.

FUSS (2 X HÄKELN)

Mit orangefarbenem Garn 4 Lm anschlagen, in die 2. Lm von der Nd aus einstechen, 3 fM.
Arbeit beenden, dabei den Faden zum Annähen lang genug stehen lassen. Die Füße seitlich unten am Körper annähen.

FLÜGEL (2 X HÄKELN)

1. Rd: 5 fM in FR arbeiten. (5)
2. Rd: Jede M verd. (10)
3. Rd: Jede 2. M verd. (15)
Arbeit beenden, dabei den Faden zum Annähen lang genug stehen lassen. Die Flügel mittig zusammenfalten und seitlich so am Körper annähen, dass jeweils die halbrunde Seite nach unten sowie die gerade Seite nach oben zeigt.

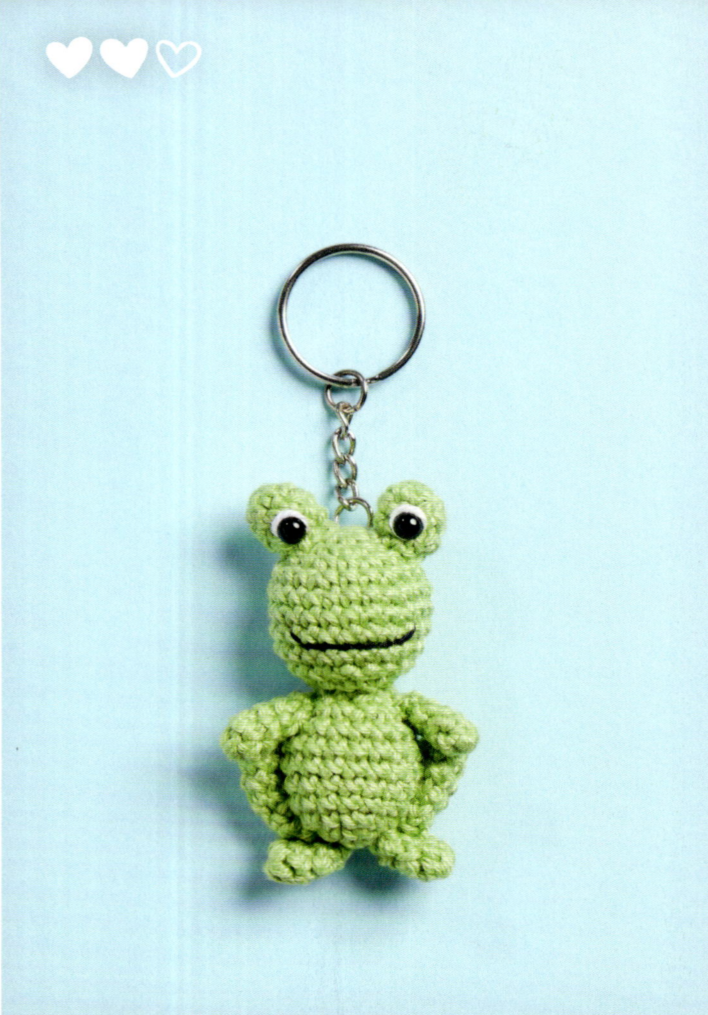

FROSCH

GRÖSSE
6–8 cm

HINWEIS
Wenn nicht anders angegeben, mit grünem Garn häkeln.

KÖRPER

Den Körper nach der Anleitung für den Hasen auf Seite 17 häkeln.

KOPF

Den Kopf nach der Anleitung für den Hasen auf Seite 17 häkeln, jedoch keine Augen anbringen. Mit schwarzem Garn einen Mund aufsticken. Den Kopf an den Körper nähen.

AUGE (2 X HÄKELN)

1. Rd: 6 fM in FR arbeiten. (6)
2. Rd: Jede 2. M verd. (9)
3. Rd: 9 fM häkeln. (9)
4. Rd: *2 fM, 2 fM zus*, von * bis * noch 1 x wdh, 1 fM. (7)
Die Augen zwischen der 3. und 4. Rd einsetzen.
Die Augen nicht ausstopfen.
Arbeit beenden, dabei den Faden zum Annähen lang genug stehen lassen. Die Augen oben an den Kopf nähen und mit weißem Garn besticken.

BEIN (2 X HÄKELN)

1. Rd: 6 fM in FR arbeiten. (6)
2. Rd: Jede 3. M verd. (8)
3.–4. Rd: 8 fM häkeln. (8)
5. Rd: *2 fM, 2 fM zus*, von * bis * noch 1 x wdh. (6)
Mit etwas Füllmaterial ausstopfen.
6. Rd: *1 fM, 2 fM zus*, von * bis * noch 1 x wdh. (4)
Arbeit beenden, dabei den Faden zum Annähen lang genug stehen lassen.

FUSS (2 X HÄKELN)

1. Rd: 5 fM in FR arbeiten. (5)
2. Rd: 1 M verd, 4 fM. (6)
3. Rd: 6 fM häkeln. (6)
Arbeit beenden, dabei den Faden zum Annähen lang genug stehen lassen. Die Füße nicht ausstopfen, flach drücken und an die spitzen Enden der Beine nähen. Diese seitlich an den Körper des Frosches nähen.

ARM (2 X HÄKELN)

1. Rd: 5 fM in FR arbeiten. (5)
2.–5. Rd: 5 fM häkeln. (5)
Die Arme nicht ausstopfen. Arbeit beenden, dabei den Faden zum Annähen lang genug stehen lassen. Die Arme seitlich an den Körper nähen.

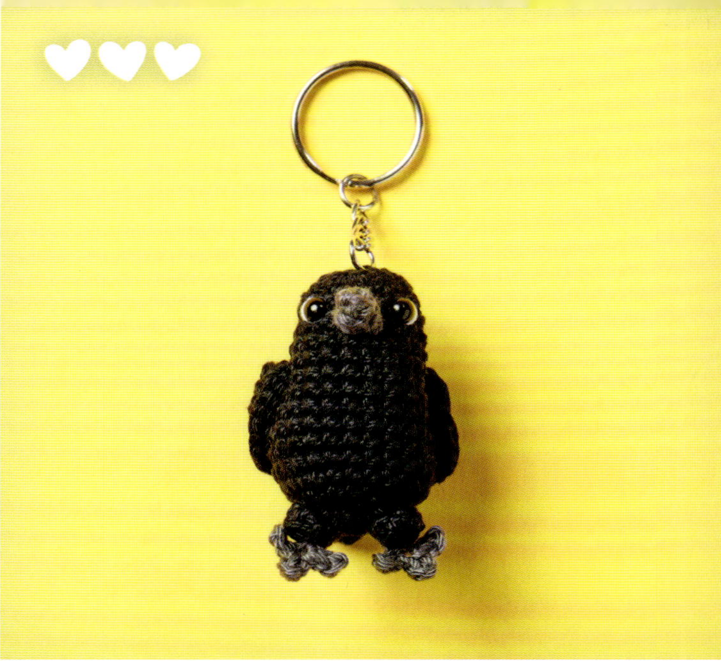

RABE

GRÖSSE
6–8 cm

HINWEIS
Wenn nicht anders angegeben, mit schwarzem Garn häkeln.

KOPF UND KÖRPER

Kopf und Körper von oben nach unten in einem Stück arbeiten.
1. Rd: 6 fM in FR arbeiten. (6)
2. Rd: Jede M verd. (12)
3. Rd: Jede 4. M verd. (15)
4. Rd: 15 fM häkeln. (15)
5. Rd: Jede 5. M verd. (18)
6.–8. Rd: 18 fM häkeln. (18)
Die Augen zwischen der 5. und 6. Rd mit 5 M Abstand einsetzen.
9. Rd: *1 M verd*, von * bis * noch 3 x wdh, 14 fM. (22)
10. Rd: *1 M verd, 1 fM*, von * bis * noch 3 x wdh, 14 fM. (26)
11.–14. Rd: 26 fM häkeln. (26)
Von nun an immer wieder mit Füllmaterial ausstopfen.
15. Rd: 6 fM, *2 fM zus*, von * bis * noch 1 x wdh, 16 fM. (24)
16. Rd: *2 fM zus, 2 fM*, von * bis * noch 5 x wdh. (18)
17. Rd: *2 fM zus, 1 fM*, von * bis * noch 5 x wdh. (12)
18. Rd: *2 fM zus*, von * bis * noch 5 x wdh. (6)
Arbeit beenden und lose Fadenenden vernähen. Mit weißem Garn die Augen besticken.

SCHNABEL

Den Schnabel nach der Anleitung für den Specht auf Seite 22 mit grauem Garn häkeln.
Den Schnabel mittig unter die Augen annähen.

BEIN (2 X HÄKELN)

1. Rd: 5 fM in FR arbeiten. (5)
2.–3. Rd: 5 fM häkeln. (5)
Die Beine nicht ausstopfen. Arbeit beenden, dabei den Faden zum Annähen lang genug stehen lassen. Die Beine an die Unterseite des Körpers nähen.

FUSS (2 X HÄKELN)

Die Füße nach der Anleitung für den Specht auf Seite 22 mit grauem Garn häkeln.
Unterhalb der Beine annähen.

SCHWANZ

1. Rd: 6 fM in FR arbeiten. (6)
2.–4. Rd: 6 fM häkeln. (6)
Arbeit beenden, dabei den Faden zum Annähen lang genug stehen lassen. Den Schwanz hinten am Körper annähen.

FLÜGEL (2 X HÄKELN)

1. Rd: 6 fM in FR arbeiten. (6)
2. Rd: Jede M verd. (12)
3. Rd: Jede 2. M verd. (18)
4. Rd. Jede 3. M verd. (24)
Arbeit beenden, dabei den Faden zum Annähen lang genug stehen lassen. Die Flügel mittig zusammenfalten und seitlich so am Körper annähen, dass jeweils die halbrunde Seite seitlich nach unten sowie die gerade Seite seitlich nach oben zeigt.

KOPF UND KÖRPER

Kopf und Körper von oben nach unten in einem Stück arbeiten.
1. Rd: 6 fM in FR arbeiten. (6)
2. Rd: Jede M verd. (12)
3. Rd: Jede 4. M verd. (15)
Zu weißem Garn wechseln.
4. Rd: 15 fM häkeln. (15)
5. Rd: Jede 5. M verd. (18)
6.–7. Rd: 18 fM häkeln. (18)
Zu schwarzem Garn wechseln.
8. Rd: 18 fM häkeln. (18)
Die Augen zwischen der 5. und 6. Rd mit 5 M Abstand einsetzen. Zu weißem Garn wechseln.
9. Rd: *1 M verd*, von * bis * noch 3 x wdh, 14 fM. (22)
10. Rd: *1 M verd, 1 fM*, von * bis * noch 3 x wdh, 14 fM. (26)
11. Rd: 26 fM häkeln. (26)
Von nun an immer wieder mit Füllmaterial ausstopfen.
Zu rotem Garn wechseln.
12.–14. Rd: 26 fM häkeln. (26)
15. Rd: 6 fM, *2 fM zus*, von * bis * noch 1 x wdh, 16 fM. (24)
16. Rd: *2 fM zus, 2 fM*, von * bis * noch 5 x wdh. (18)
17. Rd: *2 fM zus, 1 fM*, von * bis * noch 5 x wdh. (12)
18. Rd: *2 fM zus*, von * bis * noch 5 x wdh. (6)
Arbeit beenden und lose Fadenenden vernähen. Mit weißem Garn die Augen besticken.

SCHNABEL

1. Rd: 3 fM in FR arbeiten. (3)
2. Rd: 1 M verd, 2 fM. (4)
3. Rd: 4 fM häkeln. (4)
Arbeit beenden, dabei den Faden zum Annähen lang genug stehen lassen. Den Schnabel nicht ausstopfen. Den Schnabel mittig unter den Augen annähen.

FUSS (2 X HÄKELN)

5 Lm anschlagen, in die 2. Lm von der Nd aus einstechen, 2 Km, 3 Lm, 2 Km in die neue Lm-Kette, 3 Lm, 2 Km in die neue Lm-Kette, 2 Km weiter unten in die 1. Lm-Kette.
Arbeit beenden, dabei den Faden zum Annähen lang genug stehen lassen. Die Füße an die Unterseite des Körpers nähen.

SCHWANZ

1. Rd: 6 fM in FR arbeiten. (6)
2.–5. Rd: 6 fM häkeln. (6)
Arbeit beenden, dabei den Faden zum Annähen lang genug stehen lassen. Den Schwanz nicht ausstopfen. den Schwanz hinten an den Körper annähen.

FLÜGEL

Nach dem FR wird der Flügel in R gearbeitet.
1. Rd: 3 fM in FR, 1 Lm, wenden. (3)
2. R: Jede M verd, 1 Lm, wenden. (6)
3. R: *2 hStb in 1 M, 1 fM*, von * bis * noch 2 x wdh, 1 Lm, wenden (9)
4. R: *2 hStb in 1 M, 2 fM*, von * bis * noch 2 x wdh, 1 Lm, wenden. (12)
Zu weißem Garn wechseln.
5. R: *2 hStb in 1 M, 3 fM*, von * bis * noch 2 x wdh, 1 Lm, wenden. (15)
Zu schwarzem Garn wechseln.
6. R: *2 hStb in 1 M, 4 fM*, von * bis * noch 2 x wdh, 1 Lm, wenden. (18)
Zu weißem Garn wechseln.
7. R: *2 hStb in 1 M, 5 fM*, von * bis * noch 2 x wdh, 1 Lm, wenden. (21)
Zu schwarzem Garn wechseln.
8. R: *1 Lm, 1 hStb, 1 Lm, 1 Km*, von * bis * noch 9 x wdh, 1 Lm, 1 hStb. (42)
Arbeit beenden, dabei den Faden zum Annähen lang genug stehen lassen. Den Flügel am Körper entlang der 9. Rd annähen.

SPECHT

GRÖSSE
6–8 cm

HINWEIS
Wenn nicht anders angegeben, mit schwarzem Garn häkeln.

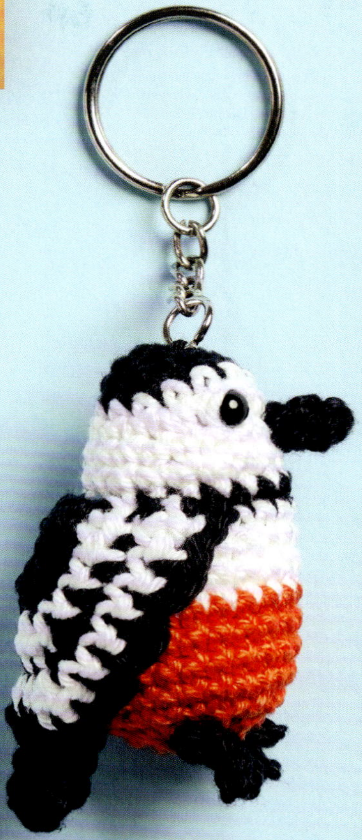

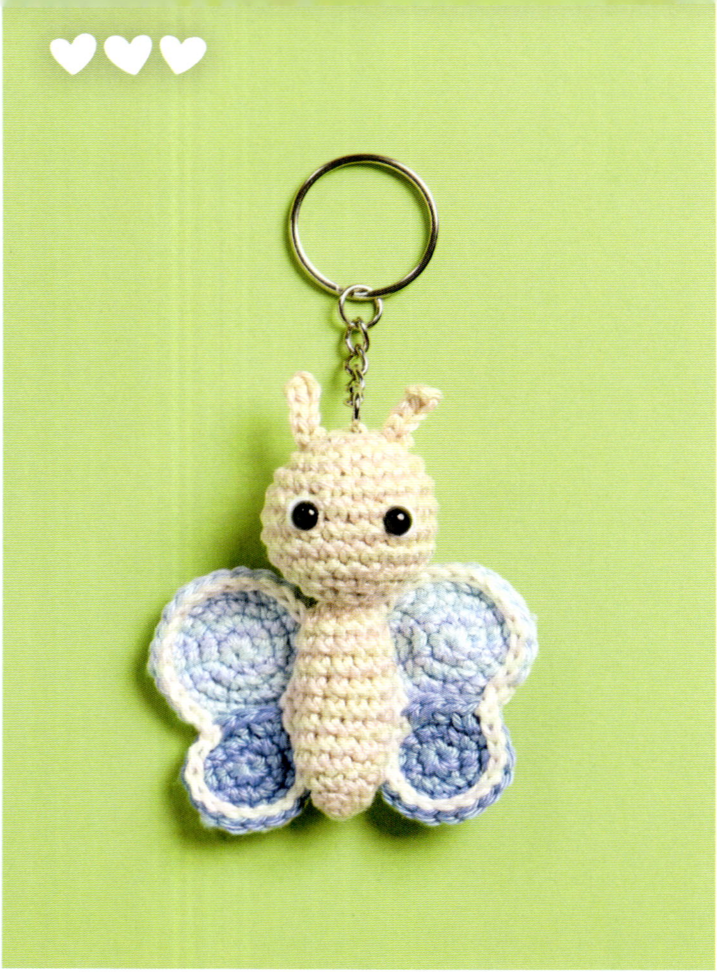

SCHMETTERLING

GRÖSSE
6–8 cm

HINWEIS
Wenn nicht anders angegeben, mit cremefarbenem Garn häkeln.

KÖRPER

1. Rd: 6 fM in FR arbeiten. (6)
2. Rd: 6 fM häkeln. (6)
3. Rd: Jede M verd. (12)
4.–10. Rd: 12 fM häkeln. (12)
Von nun an immer wieder mit Füllmaterial ausstopfen.
11. Rd: *4 fM, 2 fM zus*, von * bis * noch 1 x wdh. (10)
Arbeit beenden, dabei den Faden lang genug stehen lassen, um damit den Kopf anzunähen.

KOPF

Den Kopf nach der Anleitung für den Hasen auf Seite 17 häkeln.

Mit weißem Garn die Augen besticken. Kopf an den Körper nähen.

FÜHLER (2 X HÄKELN)

7 Lm anschlagen, in die 4. Lm von der Nd aus einstechen, 4 Km. Die Fühler oben an den Kopf nähen.

FLÜGEL

Großer Flügel (2 x häkeln)
Mit hellblauem Garn beginnen.
1. Rd: 6 fM in FR arbeiten. (6)
2. Rd: Jede M verd. (12)
3. Rd: Jede 2. M verd. (18)
4. Rd: Jede 3. M verd. (24)
Zu cremefarbenem Garn wechseln.
5. Rd: 19 Km häkeln. (19)
Arbeit bzw. Rd vorzeitig beenden, dabei den Faden in Creme zum Annähen lang genug stehen lassen.

Kleiner Flügel (2 x häkeln)
Mit mittelblauem Garn beginnen.
1. Rd: 6 fM in FR arbeiten. (6)
2. Rd: Jede M verd. (12)
3. Rd: Jede 2. M verd. (18)
Zu cremefarbenem Garn wechseln.
4. Rd: 15 Km. (15)
Arbeit bzw. Rd vorzeitig beenden, dabei den Faden in Creme zum Annähen lang genug stehen lassen. Nun jeweils den großen Flügel oben sowie den kleinen unten so hinlegen, dass die Seiten, welche nicht mit Km behäkelt wurden, aneinanderliegen. Die Flügel werden zusammengefügt, indem die jeweils letzten Km mit den Endfäden in Creme miteinander verbunden werden. Die Flügel seitlich an den Körper nähen.

MARIENKÄFER

GRÖSSE
6–8 cm

HINWEIS
Wenn nicht anders angegeben, mit schwarzem Garn häkeln.

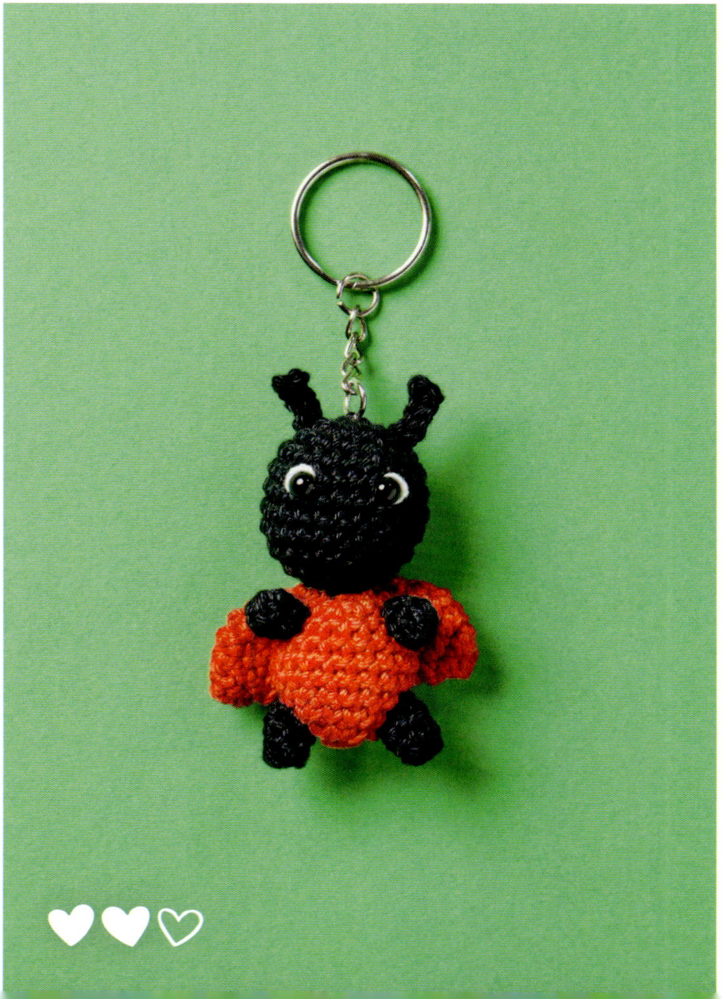

KÖRPER

Den Körper nach der Anleitung für den Hasen auf Seite 17 mit rotem Garn häkeln.

KOPF

Den Kopf nach der Anleitung für den Hasen auf Seite 17 häkeln. Mit weißem Garn die Augen besticken. Kopf an den Körper nähen.

FÜHLER (2 X HÄKELN)

Die Fühler nach der Anleitung für den Schmetterling auf Seite 24 häkeln. Fühler an den Kopf nähen.

FLÜGEL (2 X HÄKELN)

Mit rotem Garn beginnen.
1. Rd: 6 fM in FR arbeiten. (6)
2. Rd: 6 fM häkeln.(6)
3. Rd: Jede M verd. (12)
4. Rd: 12 fM häkeln. (12)
5. Rd: *2 fM, 2 fM zus*, von * bis * noch 2 x wdh. (9)
6. Rd: 9 fM häkeln. (9)
7. Rd: *1 fM, 2 fM zus*, von * bis * noch 2 x wdh. (6)
Die Flügel nicht ausstopfen. Arbeit beenden, dabei den Faden zum Annähen lang genug stehen lassen. Für die Punkte auf den Flügeln mit schwarzem Garn den Knötchenstich anwenden. Die Flügel hinten am Körper annähen.

FUSS (2 X HÄKELN)

1. Rd: 6 fM in FR arbeiten. (6)
2.–3. Rd: 6 fM häkeln. (6)
Die Füße nicht ausstopfen. Arbeit beenden, dabei den Faden zum Annähen lang genug stehen lassen. Die Füße an die Unterseite des Körpers nähen.

ARM (2 X HÄKELN)

1. Rd: 5 fM in FR arbeiten. (5)
2.–3. Rd: 5 fM häkeln. (5)
Die Arme nicht ausstopfen. Arbeit beenden, dabei den Faden zum Annähen lang genug stehen lassen. Die Arme seitlich an den Körper nähen.

AXOLOTL

GRÖSSE
6–8 cm

HINWEIS
Wenn nicht anders angegeben, mit rosafarbenem Garn häkeln.

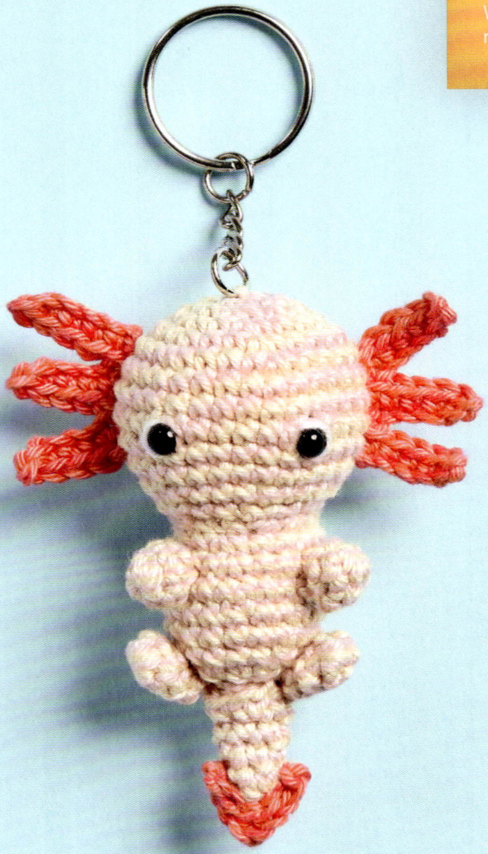

KOPF UND KÖRPER

Kopf und Körper von oben nach unten in einem Stück arbeiten.

1. Rd: 6 fM in FR arbeiten. (6)
2. Rd: Jede M verd. (12)
3. Rd: Jede 2. M verd. (18)
4. Rd: Jede 3. M verd. (24)
5. Rd: Jede 4. M verd. (30)
6.–10. Rd: 30 fM häkeln. (30)
11. Rd: *3 fM, 2 fM zus*, von * bis * noch 5 x wdh. (24)
Die Augen zwischen der 8. und 9. Rd mit 5 M Abstand einsetzen. Von nun an immer wieder mit Füllmaterial ausstopfen.
12. Rd: *2 fM, 2 fM zus*, von * bis * noch 5 x wdh. (18)
13. Rd: *1 fM, 2 fM zus*, von * bis * noch 5 x wdh. (12)
14. Rd: Jede 2. M verd. (18)
15. Rd: Jede 3. M verd. (24)
16. Rd: 24 fM häkeln. (24)
17. Rd: *2 fM, 2 fM zus*, von * bis * noch 5 x wdh. (18)
18.–19. Rd: 18 fM häkeln. (18)
20. Rd: *1 fM, 2 fM zus*, von * bis * noch 5 x wdh. (12)
21. Rd: *2 fM zus*, von * bis * noch 5 x wdh. (6)
Arbeit beenden und lose Fadenenden vernähen. Mit weißem Garn die Augen besticken.

KIEMEN (2 X HÄKELN)

Mit pinkem Faden *6 Lm anschlagen, in die 2. Lm von der Nd aus einstechen, 5 fM*, noch 2 x wdh. Arbeit beenden, dabei den Faden zum Annähen lang genug stehen lassen. Die Kiemen seitlich an den Kopf nähen.

SCHWANZ

1. Rd: 5 fM in FR arbeiten. (5)
2. Rd: 5 fM häkeln. (5)
3. Rd: *1 M verd, 1 fM*, von * bis * noch 1 x wdh, 1 fM. (7)
4. Rd: 7 fM häkeln. (7)
5. Rd: *1 M verd, 1 fM*, von * bis * noch 2 x wdh, 1 fM. (10)
Den Schwanz nicht ausstopfen. Arbeit beenden, dabei den Faden zum Annähen lang genug stehen lassen. Den Schwanz unterhalb des Körpers annähen.

SCHWANZFLOSSE

Mit pinkem Faden 9 Lm anschlagen, in die 2. Lm von der Nd aus einstechen, 3 Km, 2 M überspringen, 3 Km.
Arbeit beenden, dabei den Faden zum Annähen lang genug stehen lassen. Die Schwanzflosse unterhalb vom Schwanz annähen.

FUSS (2 X HÄKELN)

1. Rd: 6 fM in FR arbeiten. (6)
2.–4. Rd: 6 fM häkeln. (6)
Die Füße nicht ausstopfen. Arbeit beenden, dabei den Faden zum Annähen lang genug stehen lassen. Die Füße an die Unterseite des Körpers nähen.

ARM (2 X HÄKELN)

Die Arme nach der Anleitung für den Hasen auf Seite 17 häkeln. Die Arme seitlich an den Körper nähen.

KÖRPER

1. Rd: 6 fM in FR arbeiten. (6)
2. Rd: Jede M verd. (12)
3. Rd: Jede 2. M verd. (18)
4.–5. Rd: 18 fM häkeln. (18)
6. Rd: Jede 6. M verd. (21)
7. Rd: 21 fM häkeln. (21)
8. Rd: Jede 7. M verd. (24)
9. Rd: 24 fM häkeln. (24)
Von nun an immer wieder mit Füllmaterial ausstopfen.
10. Rd: *2 fM, 2 fM zus*, von * bis * noch 5 x wdh. (18)
11. Rd: *1 fM, 2 fM zus*, von * bis * noch 5x wdh. (12)
Arbeit beenden, dabei den Faden lang genug stehen lassen, um damit den Kopf anzunähen.

BAUCH

Mit weißem Garn häkeln.
1. Rd: 5 Lm anschlagen, in die 2. Lm von der Nd aus einstechen, 3 fM, 3 M in die nächste M, 2 fM, 1 M verd. (10)
2. Rd: 1 M verd, 2 fM, *1 M verd*, von * bis * noch 2 x wdh, 2 fM, *1 M verd*, von * bis * noch 1 x wdh. (16)
Arbeit beenden, dabei den Faden lang genug stehen lassen.
Mittig auf die Vorderseite des Körpers nähen.

KOPF

1. Rd: 6 fM in FR arbeiten. (6)
2. Rd: Jede M verd. (12)
3. Rd: Jede 2. M verd. (18)
4. Rd: Jede 3. M verd. (24)
5.–7. Rd: 24 fM häkeln. (24)
Zu weißem Garn wechseln.
8.–9. Rd: 24 fM häkeln. (24)
Die Augen zwischen der 6. und 7. Rd mit 4 M Abstand einsetzen.
Von nun an immer wieder mit Füllmaterial ausstopfen.
10. Rd: *2 fM, 2 fM zus*, von * bis * noch 5 x wdh. (18)
11. Rd: *1 fM, 2 fM zus*, von * bis * noch 5 x wdh. (12)
12. Rd: *2 fM zus*, von * bis * noch 5 x, wdh. (6)
Arbeit beenden. Mit rosafarbenem sowie schwarzem Garn eine Nase aufsticken und mit weißem Garn die Augen besticken. Den Kopf an den Körper nähen.

HAMSTERBACKE (2 X HÄKELN)

Mit weißem Garn häkeln.
1. Rd: 6 fM in FR arbeiten. (6)
2. Rd: Jede 2. M verd. (9)
1 Km ihM.
Arbeit beenden, dabei den Faden zum Annähen lang genug stehen lassen. Die Hamsterbacken seitlich unter den Augen an den Kopf nähen.

OHR (2 X HÄKELN)

1. Rd: 8 fM in FR arbeiten. (8)
2 M überspringen, 1 Km.
Arbeit beenden, dabei den Faden zum Annähen lang genug stehen lassen. Die Ohren oben an den Kopf nähen.

FUSS (2 X HÄKELN)

Die Füße nach der Anleitung für das Axolotl auf Seite 26 häkeln. Die Füße an die Unterseite des Körpers nähen.

ARM (2 X HÄKELN)

Die Arme nach der Anleitung für den Hasen auf Seite 17 häkeln. Die Arme seitlich an den Körper nähen.

SCHWANZ

1. Rd: 6 fM in FR arbeiten. (6)
2. Rd: 6 fM häkeln. (6)
Den Schwanz nicht ausstopfen. Arbeit beenden, dabei den Faden zum Annähen lang genug stehen lassen.

HAMSTER

GRÖSSE
6–8 cm

HINWEIS
Wenn nicht anders angegeben, mit hellbraunem Garn häkeln.

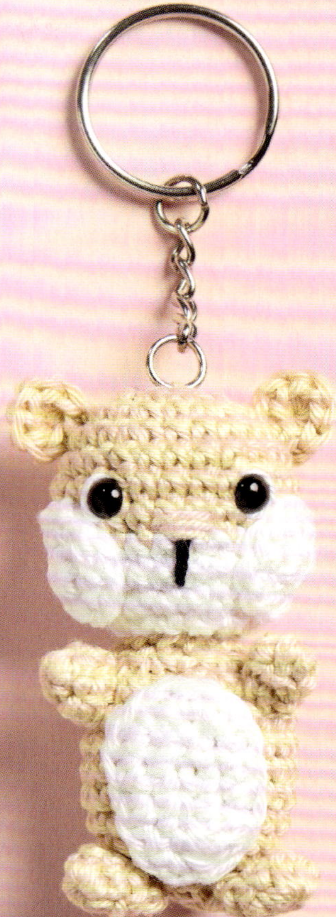

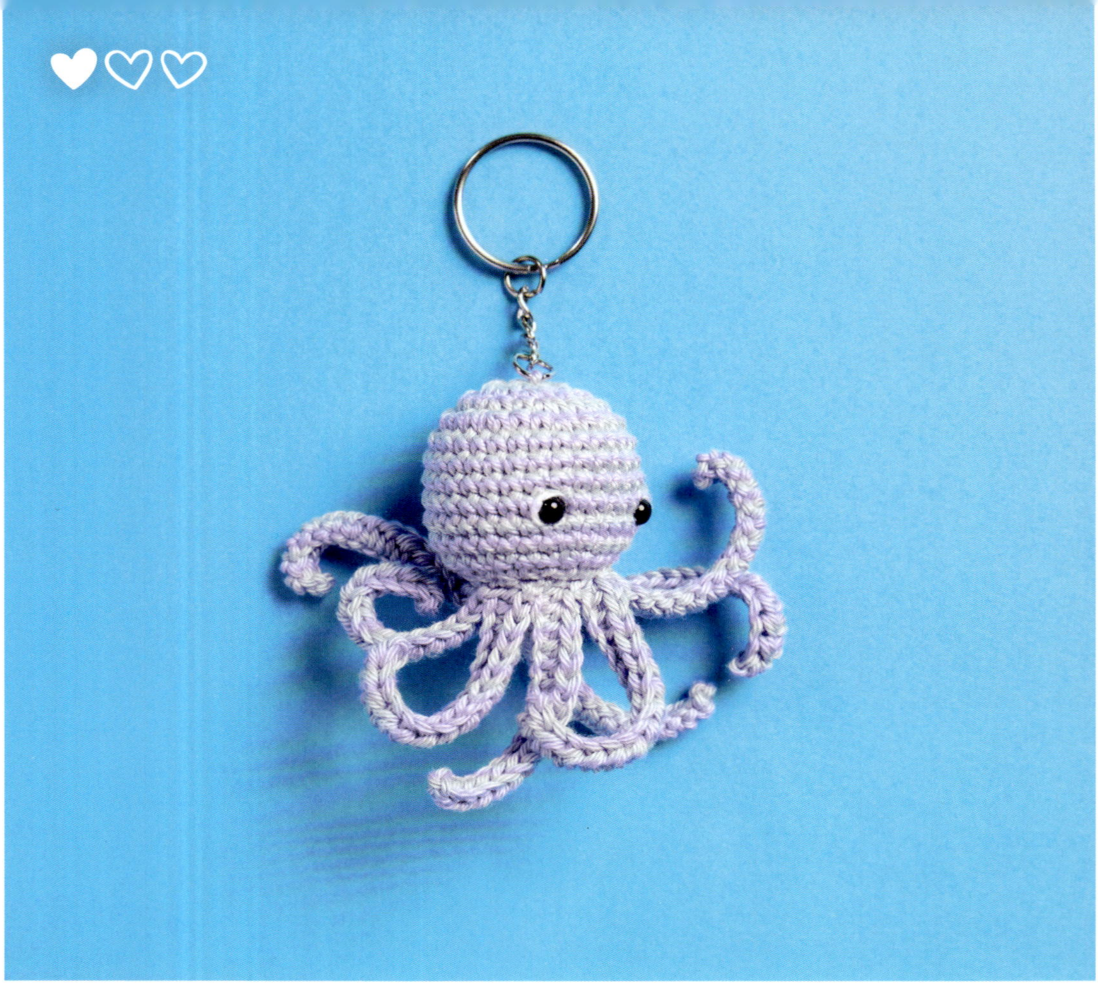

OKTOPUS

GRÖSSE
6–8 cm

HINWEIS
Wenn nicht anders angegeben, mit violettem Garn häkeln.

KOPF UND KÖRPER

1. Rd: 8 fM in FR arbeiten. (8)
2. Rd: Jede M verd. (16)
3. Rd: Jede 2. M verd. (24)
4. Rd: Jede 3. M verd. (32)
5.–10. Rd: 32 fM häkeln. (32)
11. Rd: *2 fM, 2 fM zus*, von * bis * noch 7 x wdh. (24)
Die Augen zwischen der 8. und 9. Rd mit 5 M Abstand einsetzen. Von nun an immer wieder mit Füllmaterial ausstopfen.
12. Rd: *1 fM, 2 fM zus*, von * bis * noch 7 x wdh. (16)
13. Rd: 16 fM ihM. (16)
14. Rd: *2 fM zus*, von * bis * noch 7 x wdh. (8)
Arbeit beenden und lose Fadenenden vernähen. Mit weißem Garn die Augen besticken.

TENTAKEL

Insgesamt werden 8 Tentakel an einem Stück gehäkelt.
Von außen in eins der vorderen Mg der 13. Rd einstechen, *17 Lm, in die 3. Lm von der Nd aus einstechen, 15 hStb, 1 M überspringen, 1 Km*, von * bis * noch 7 x wdh.
Arbeit beenden und lose Fadenenden vernähen.

WAL

GRÖSSE
6–8 cm

HINWEIS
Wenn nicht anders angegeben, mit blauem Garn häkeln.

KOPF UND KÖRPER

1. Rd: 8 fM in FR arbeiten. (8)
2. Rd: Jede M verd. (16)
3. Rd: Jede 2. M verd. (24)
4. Rd: Jede 3. M verd. (32)
5.–9. Rd: 32 fM häkeln. (32)
Zu weißem Garn wechseln.
10. Rd: 32 fM ihM. (32)
11. Rd: *2 fM, 2 fM zus*, von * bis * noch 7x wdh. (24)
Die Augen zwischen der 8. und 9. Rd mit 8 M Abstand einsetzen. Von nun an immer wieder mit Füllmaterial ausstopfen.
12. Rd: *1 fM, 2 fM zus*, von * bis * noch 7 x wdh. (16)
13. Rd: *2 fM zus*, von * bis * noch 7 x wdh. (8)

Arbeit beenden und lose Fadenenden vernähen. Mit weißem Garn die Augen besticken.

BRUSTFLOSSE (2 X HÄKELN)

4 Lm anschlagen, in die 2. Lm von der Nd aus einstechen, 3 fM. Arbeit beenden, dabei den Faden zum Annähen lang genug stehen lassen. Die Brustflossen seitlich an den Körper nähen.

SCHWANZFLOSSE

5 Lm anschlagen, in die 2. Lm von der Nd aus einstechen, 3 fM, 4 Lm, 3 fM in die neue Lm-Kette, 1 Km in die 1. Lm.
Arbeit beenden, dabei den Faden zum Annähen lang genug stehen lassen. Die Schwanzflosse hinten an den Körper nähen.

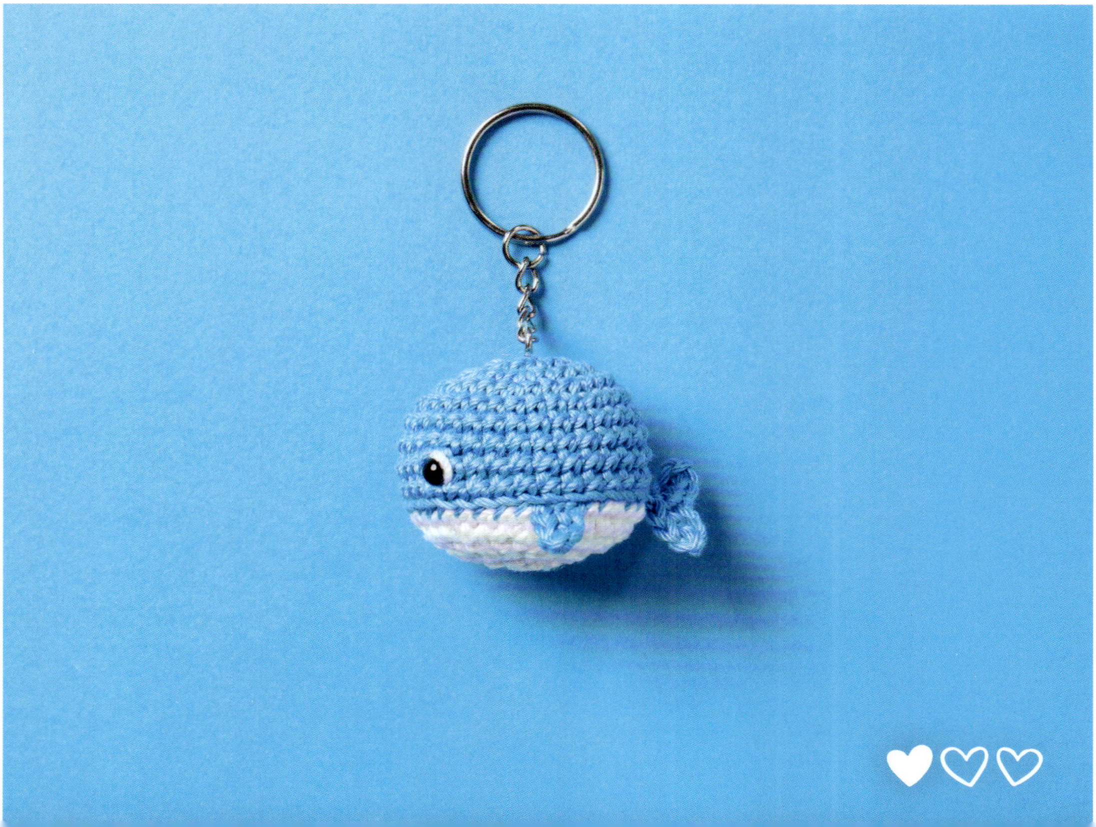

ZEBRA

GRÖSSE
6–8 cm

HINWEIS
Wenn nicht anders angegeben, mit schwarzem Garn häkeln.

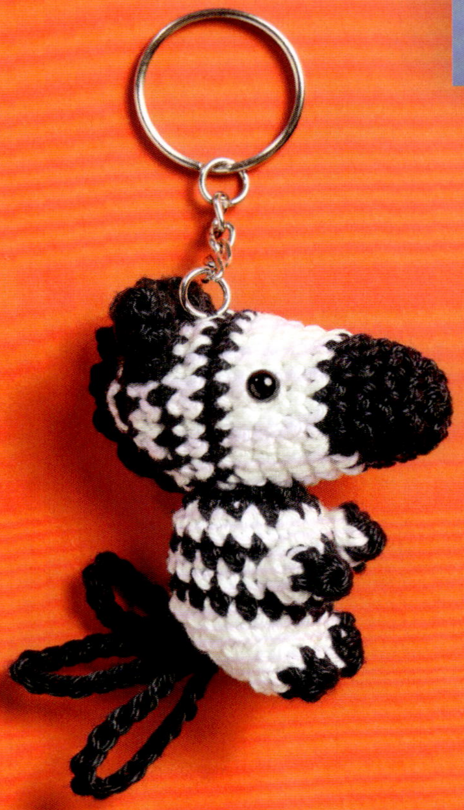

KÖRPER

Mit weißem Garn beginnen.
1. Rd: 6 fM in FR arbeiten. (6)
2. Rd: Jede M verd. (12)
3. Rd: Jede 2. M verd. (18)
4. Rd: 18 fM häkeln. (18)
Zu schwarzem Garn wechseln.
5. Rd: 18 fM häkeln. (18)
Zu weißem Garn wechseln.
6. Rd: 18 fM häkeln. (18)
Zu schwarzem Garn wechseln.
7. Rd: 18 fM häkeln. (18)
Zu weißem Garn wechseln.
8. Rd: 18 fM häkeln. (18)
Zu schwarzem Garn wechseln.
9. Rd: *1 fM, 2 fM zus*, von * bis * noch 5 x wdh. (12)
Mit Füllmaterial ausstopfen.
Arbeit beenden, dabei den Faden lang genug stehen lassen, um damit den Kopf anzunähen.

KOPF

1. Rd: 6 fM in FR arbeiten. (6)
2. Rd: Jede M verd. (12)
3. Rd: 12 fM häkeln. (12)
4. Rd: *5 fM, 1 M verd*, von * bis * noch 1 x wdh. (14)
5. Rd: 14 fM häkeln. (14)
Zu weißem Garn wechseln.
6. Rd: *6 fM, 1 M verd*, von * bis * noch 1 x wdh.(16)
7. Rd: *7 fM, 1 M verd*, von * bis * noch 1 x wdh. (18)
8. Rd: 18 fM häkeln. (18)
9. Rd: Jede 3. M verd. (24)
Zu schwarzem Garn wechseln.
10. Rd: 24 fM häkeln. (24)
Zu weißem Garn wechseln.
11. Rd: 24 fM häkeln. (24)
Die Augen zwischen der 8. und 9. Rd mit 6 M Abstand einsetzen.
Von nun an immer wieder mit Füllmaterial ausstopfen.
Zu schwarzem Garn wechseln.
12. Rd: *2 fM, 2 fM zus*, von * bis * noch 5 x wdh. (18)
Zu weißem Garn wechseln.
13. Rd: 18 fM häkeln. (18)
Zu schwarzem Garn wechseln.
14. Rd: *1 fM, 2 fM zus*, von * bis * noch 5 x wdh. (12)
Zu weißem Garn wechseln.
15. Rd: *2 fM zus*, von * bis * noch 5 x wdh. (6)
Arbeit beenden und lose Fadenenden vernähen. Den Kopf an den Körper nähen.

MÄHNE

12 Lm anschlagen, in die 4. Lm von der Nd aus einstechen, 1 Km, *3 Lm, 1 Km in die nächste M*, von * bis * noch 7 x wdh.
Arbeit beenden, dabei den Faden zum Annähen lang genug stehen lassen. Die Mähne oben bzw. hinten mittig an den Kopf nähen.

OHR (2 X HÄKELN)

1. Rd: 4 fM in FR arbeiten. (4)
2. Rd: 1 M verd, 3 fM. (5)
3. Rd: 1 M verd, 4 fM. (6)
4. Rd: *1 fM, 2 fM zus*, von * bis * noch 1 x wdh. (4)
Arbeit beenden, dabei den Faden zum Annähen lang genug stehen lassen. Die Ohren oben an den Kopf nähen.

FUSS (2 X HÄKELN)

1. Rd: 5 fM in FR arbeiten. (5)
Zu weißem Garn wechseln.
2.–3. Rd: 5 fM häkeln. (5)
Die Füße nicht ausstopfen. Arbeit beenden, dabei den Faden zum Annähen lang genug stehen lassen. Die Füße an die Unterseite des Körpers nähen.

ARM (2 X HÄKELN)

Die Arme nach der Anleitung der Füße häkeln. Die Arme seitlich an den Körper nähen.

SCHWANZ

16 Lm anschlagen, 1 Km in die 1. Lm häkeln, um die Arbeit zu einem Ring zu schließen.
Auf diese Weise (am Stück) 3 Schlaufen anfertigen. Zusätzlich 1 Lm häkeln. Arbeit beenden, dabei den Faden zum Annähen lang genug stehen lassen.
Den Schwanz hinten an den Körper des Zebras nähen.

KÖRPER

Mit 3-mm-Nd, weißem Garn und weißem Flauschgarn (z.B. Schachenmayr Baby Smiles Lenja Soft) beginnen und zweifädig arbeiten.

1. Rd: 6 fM in FR arbeiten. (6)
2. Rd: Jede M verd. (12)
3. Rd: Jede 2. M verd. (18)
4.-7. Rd: 18 fM häkeln. (18)
8. Rd: *1 fM, 2 fM zus*, von * bis * noch 5 x wdh. (12)
9. Rd: 12 fM häkeln.(12)
Mit Füllmaterial ausstopfen. Arbeit beenden, dabei den Faden lang genug stehen lassen, um damit den Kopf anzunähen.

KOPF

1. Rd: 6 fM in FR arbeiten. (6)
2. Rd: Jede M verd. (12)
3.–5. Rd: 12 fM häkeln. (12)
6. Rd: Jede M verd. (24)
7. Rd: 24 fM häkeln. (24)
Zu 3-mm-Nd, weißem Garn und weißem Flauschgarn wechseln.
8.–9. Rd: 24 fM häkeln. (24)
10. Rd: *2 fM, 2 fM zus*, von * bis * noch 5 x wdh. (18)
Die Augen zwischen der 6. und 7. Rd mit 7 M Abstand einsetzen. Von nun an immer wieder mit Füllmaterial ausstopfen.
11. Rd: *1 fM, 2 fM zus*, von * bis * noch 5 x wdh. (12)
12. Rd: *2 fM zus*, von * bis * noch 5 x wdh. (6)
Arbeit beenden und lose Fadenenden vernähen.

Mit weißem Garn die Augen besticken und mit schwarzem Garn eine Schnauze aufsticken.
Den Kopf an den Körper nähen.

OHR (2 X HÄKELN)

1. Rd: 8 fM in FR arbeiten. (8)
2. Rd: *1 M verd*, von * bis * noch 5 x wdh, 3 M überspringen, 1 Km. (13)
Arbeit beenden, dabei den Faden zum Annähen lang genug stehen lassen. Die Ohren oben an den Kopf nähen.

FUSS (2 X HÄKELN)

Die Füße nach der Anleitung für das Axolotl auf Seite 26 häkeln. Die Füße an die Unterseite des Körpers nähen.

ARM (2 X HÄKELN)

Die Arme nach der Anleitung für den Hasen auf Seite 17 häkeln. Die Arme seitlich an den Körper nähen.

SCHWANZ

Mit weißem Garn und weißem Flauschgarn (zweifädig arbeiten) beginnen.
1. Rd: 6 fM in FR arbeiten. (6)
2. Rd: 6 fM häkeln. (6)
Den Schwanz nicht ausstopfen. Arbeit beenden, dabei den Faden zum Annähen lang genug stehen lassen. Den Schwanz hinten an den Körper nähen.

SCHAF

GRÖSSE
6–8 cm

HINWEIS
Wenn nicht anders angegeben, mit hellbraunem Garn und einer 2,5-mm-Häkelnadel häkeln.

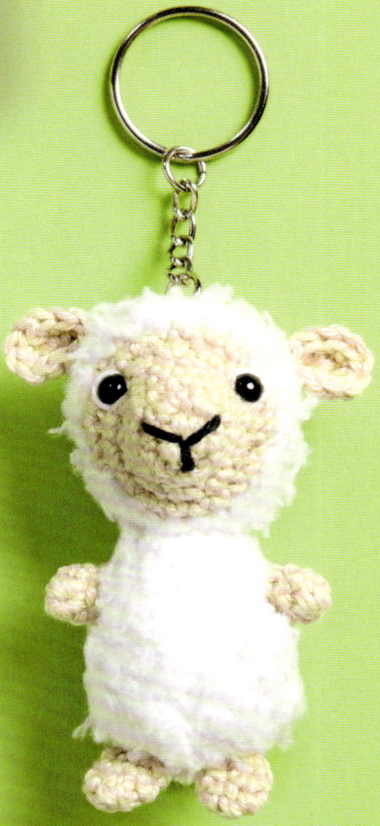

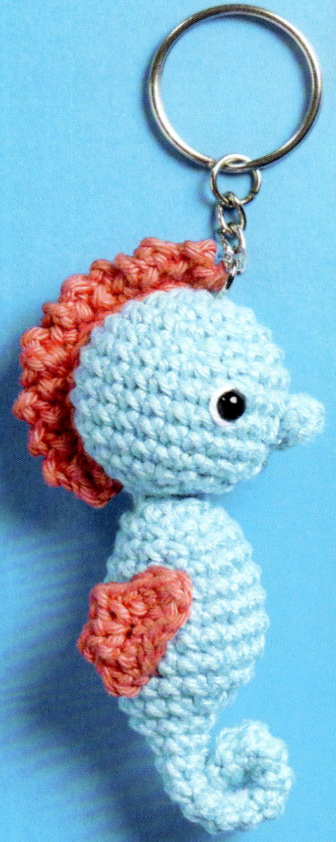

SEEPFERDCHEN

GRÖSSE
6–8 cm

HINWEIS
Wenn nicht anders angegeben, mit türkisem Garn häkeln.

KÖRPER

1. Rd: 6 fM in FR arbeiten. (6)
2. Rd: Jede M verd. (12)
3. Rd: 12 fM häkeln. (12)
4. Rd: Jede 4. M verd. (15)
5. Rd: Jede 5. M verd. (18)
6.–7. Rd: 18 fM häkeln. (18)
8. Rd: 5 fM, *1 M verd, 2 fM*, von * bis * noch 1 x wdh, 1 M verd, 6 fM. (21)
9. Rd: 5 fM, *2 fM zus, 2 fM*, von * bis * noch 1 x wdh, 2 fM zus, 6 fM. (18)
Von nun an immer wieder mit Füllmaterial ausstopfen.
10. Rd: 3 fM, *2 fM zus, 1 fM*, von * bis * noch 2 x wdh, 2 fM zus, 4 fM. (14)
11. Rd: 3 fM, *2 fM zus*, von * bis * noch 3 x wdh, 3 fM. (10)
12. Rd: *2 fM, 2 fM zus*, von * bis * noch 1 x wdh, 2 fM. (8)
Von nun an nicht mehr mit Füllmaterial ausstopfen.
13.–17. Rd: 8 fM häkeln. (8)
18. Rd: 2 fM zus, 6 fM. (7)
19. Rd: 7 fM häkeln. (7)
20. Rd: 2 fM zus, 5 fM. (6)
21.–23. Rd: 6 fM häkeln.
Arbeit beenden, dabei den Faden lang genug stehen lassen, um damit den Schwanz und den Kopf anzunähen. Schwanz flach zusammendrücken, in Richtung der Vorderseite einrollen und festnähen. Den Endfaden durch den Körper nach oben ziehen, um damit den Kopf anzunähen.

KOPF

1. Rd: 6 fM in FR arbeiten. (6)
2. Rd: Jede M verd. (12)
3. Rd: Jede 2. M verd. (18)
4. Rd: 18 fM häkeln. (18)
5. Rd: Jede 3. M verd. (24)
6.–9. Rd: 24 fM häkeln. (24)
Die Augen zwischen der 7. und 8. Rd mit 6 M Abstand einsetzen. Von nun an immer wieder mit Füllmaterial ausstopfen.
10. Rd: *2 fM, 2 fM zus*, von * bis * noch 5 x wdh. (18)
11. Rd: *1 fM, 2 fM zus*, von * bis * noch 5 x wdh. (12)
12. Rd: *2 fM zus*, von * bis * noch 5 x wdh. (6)
Arbeit beenden und lose Fadenenden vernähen.
Mit weißem Garn die Augen besticken. Den Kopf an den Körper nähen.

RÜSSEL

1. Rd: 4 fM in FR arbeiten. (4)
2.–3. Rd: 4 fM häkeln. (4)
Den Rüssel nicht ausstopfen.
Arbeit beenden, dabei den Faden zum Annähen lang genug stehen lassen.
Zwischen der 7. und 9. Rd des Kopfes annähen.

KRONE

Mit pinkem Garn 16 Lm anschlagen, in die 4. Lm von der Nd aus einstechen, 1 Km, *3 Lm, 1 Km in die nächste M*, von * bis * noch 11 x wdh.
Arbeit beenden, dabei den Faden zum Annähen lang genug stehen lassen. Die Krone oben bzw. hinten mittig an den Kopf nähen.

RÜCKENFLOSSE (2 X HÄKELN)

Mit pinkem Garn 5 Lm anschlagen, in die 2. Lm von der Nd aus einstechen, 3 fM, 3 fM in die nächste M, 2 fM, 3 Lm, 1 Km in die nächste M, *3 Lm, 1 Km in dieselbe M*, von * bis * noch 1 x wdh. Arbeit beenden, dabei den Faden zum Annähen lang genug stehen lassen. Die Rückenflossen seitlich sowie etwas schräg an den Körper nähen.

KÖRPER

1. Rd: 8 fM in FR arbeiten. (8)
2. Rd: Jede M verd. (16)
3. Rd: Jede 2. M verd. (24)
4.–9. Rd: 24 fM häkeln. (24)
10. Rd: *4 fM, 2 fM zus*, von * bis * noch 3 x wdh. (20)
11. Rd: 20 fM häkeln. (20)
12. Rd: *3 fM, 2 fM zus*, noch 3 x wdh. (16)
Von nun an immer wieder mit Füllmaterial ausstopfen.
13. Rd: 16 fM häkeln. (16)
14. Rd: *2 fM, 2 fM zus*, von * bis * noch 3 x wdh. (12)
Arbeit beenden, dabei den Faden lang genug stehen lassen, um damit den Kopf anzunähen.

KOPF

1. Rd: 6 fM in FR arbeiten. (6)
2. Rd: Jede M verd. (12)
3. Rd: Jede 2. M verd. (18)
4. Rd: Jede 3. M verd. (24)
5.–8. Rd: 24 fM häkeln. (24)
Zu cremefarbenem Garn wechseln.
9. Rd: 24 fM häkeln. (24)
10. Rd: *4 fM, 2 fM zus*, von * bis * noch 3 x wdh. (20)
Von nun an immer wieder mit Füllmaterial ausstopfen.
11. Rd: *3 fM, 2 fM zus*, von * bis * noch 3 x wdh. (16)
12. Rd: *2 fM, 2 fM zus*, von * bis * noch 3 x wdh. (12)
13. Rd: *2 fM zus*, von * bis * noch 5 x wdh. (6)
Arbeit beenden und lose Fadenenden vernähen. Mit schwarzem Garn die Augen zwischen der 6. und 7. Rd mit 5 M Abstand aufsticken.
Den Kopf an den Körper nähen.

SCHNAUZE

Mit cremefarbenem Garn beginnen.
1. Rd: 6 Lm anschlagen, in die 2. Lm von der Nd aus einstechen, 4 fM, 3 fM in die nächste M, 3 fM, 1 M verd. (12)
2. Rd: 12 fM häkeln. (12)
Die Schnauze nicht ausstopfen.
Arbeit beenden, dabei den Faden zum Annähen lang genug stehen lassen.
Die Schnauze zwischen der 7. und 11. Rd des Kopfes annähen. Mit schwarzem Garn die Nase mittig aufsticken.

OHR (2 X HÄKELN)

Die Ohren nach der Anleitung für den Hamster auf Seite 28 häkeln.
Die Ohren oben an den Kopf nähen.

FUSS (2 X HÄKELN)

1. Rd: 7 fM in FR arbeiten. (7)
2.–6. Rd: 7 fM häkeln. (7)
Die Füße nicht ausstopfen.
Arbeit beenden, dabei den Faden zum Annähen lang genug stehen lassen.
Die Füße so an die Unterseite des Körpers nähen, dass sie nach oben zeigen.

ARM (2 X HÄKELN)

1. Rd: 5 fM in FR arbeiten. (5)
2.–5. Rd: 5 fM häkeln. (5)
Die Arme nicht ausstopfen.
Arbeit beenden, dabei den Faden zum Annähen lang genug stehen lassen. Die Arme seitlich an den Körper nähen.

SCHWANZ

1. Rd: 5 fM in FR arbeiten. (5)
2. Rd: 5 fM häkeln. (5)
3. Rd: *1 fM, 1 M verd*, von * bis * noch 1 x wdh, 1 fM. (7)
4. Rd: 7 fM häkeln. (7)
5. Rd: *2 fM, 1 M verd*, von * bis * noch 1 x wdh, 1 fM. (9)
Den Schwanz nicht ausstopfen.
Arbeit beenden, dabei den Faden zum Annähen lang genug stehen lassen.
Den Schwanz unterhalb des Körpers

OTTER

GRÖSSE
6–8 cm

HINWEIS
Wenn nicht anders angegeben, mit mittelbraunem Garn häkeln.

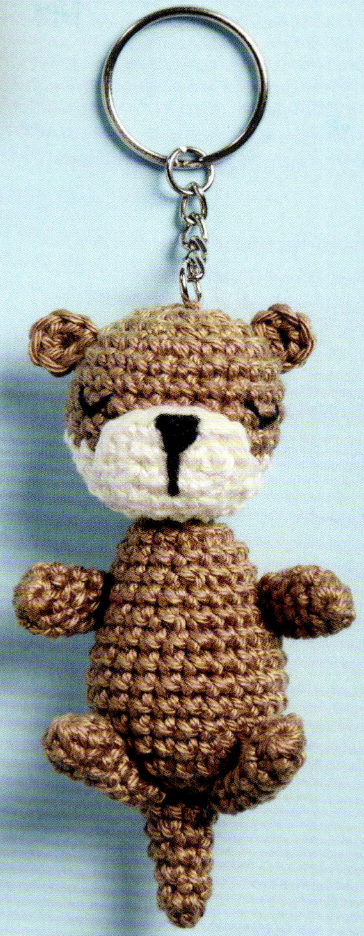

REH

GRÖSSE
6–8 cm

HINWEIS
Wenn nicht anders angegeben, mit graubraunem Garn häkeln.

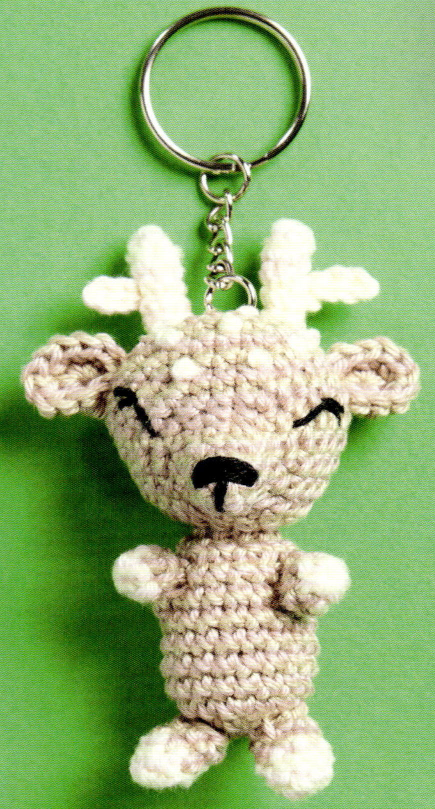

KÖRPER

1. Rd: 6 fM in FR arbeiten. (6)
2. Rd: Jede M verd. (12)
3. Rd: Jede 2. M verd. (18)
4.–9. Rd: 18 fM häkeln. (18)
10. Rd: *1 fM, 2 fM zus*, von * bis * noch 5 x wdh. (12)
Mit Füllmaterial ausstopfen.
Arbeit beenden, dabei den Faden lang genug stehen lassen, um damit den Kopf anzunähen.

KOPF

1. Rd: 4 fM in FR arbeiten. (4)
2. Rd: Jede 2. M verd. (6)
3. Rd: Jede 3. M verd. (8)
4. Rd: Jede 4. M verd. (10)
5. Rd: Jede 5. M verd. (12)
6. Rd: Jede 2. M verd. (18)
7. Rd: Jede 3. M verd. (24)
8. Rd: 24 fM häkeln. (24)
9. Rd: Jede 4. M verd. (30)
10.–11. Rd: 30 fM häkeln. (30)
12. Rd: *3 fM, 2 fM zus*, von * bis * noch 5 x wdh. (24)
13. Rd: 24 fM häkeln. (24)
Von nun an immer wieder mit Füllmaterial ausstopfen.
14. Rd: *2 fM, 2 fM zus*, von * bis * noch 5 x wdh. (18)
13. Rd: *1 fM, 2 fM zus*, von * bis * noch 5 x wdh. (12)
14. Rd: *1 fM zus*, von * bis * noch 5 x wdh. (6)
Arbeit beenden und lose Fadenenden vernähen.
Mit schwarzem Garn die Augen zwischen der 7. und 10. Rd mit 6 M Abstand und die Nase zwischen der 1. und 2. Rd aufsticken. Mit cremefarbenem Garn einige Punkte im Knötchenstich auf der Stirn aufsticken.

GEWEIH (2 X HÄKELN)

Teil 1:
Mit cremefarbenem Garn häkeln.
1. Rd: 4 fM in FR arbeiten. (4)
2.–6. Rd: 4 fM häkeln. (4)
Arbeit beenden, dabei den Faden zum Annähen lang genug stehen lassen.
Teil 2:
Mit cremefarbenem Garn 4 Lm anschlagen, in die 2. Lm von der Nd aus einstechen, 3 Km.
Arbeit beenden, dabei den Faden zum Annähen lang genug stehen lassen. Die Geweih-Teile nicht ausstopfen. Teil 2 seitlich an Teil 1 nähen. Das Geweih oben an den Kopf nähen.

OHR (2 X HÄKELN)

Die Ohren nach der Anleitung für das Schaf auf Seite 34 häkeln. Die Ohren oben an den Kopf nähen.

FUSS (2 X HÄKELN)

Mit cremefarbenem Garn beginnen.
1. Rd: 6 fM in FR arbeiten. (6)
2. Rd: 6 fM häkeln. (6)
Zu graubraunem Garn wechseln.
3.–4. Rd: 6 fM häkeln. (6)
Die Füße nicht ausstopfen.
Arbeit beenden, dabei den Faden zum Annähen lang genug stehen lassen. Die Füße an die Unterseite des Körpers nähen.

ARM (2 X HÄKELN)

Mit cremefarbenem Garn beginnen.
1. Rd: 5 fM in FR arbeiten. (5)
Zu graubraunem Garn wechseln.
2.–3. Rd: 5 fM häkeln. (5)
Die Arme nicht ausstopfen.
Arbeit beenden, dabei den Faden zum Annähen lang genug stehen lassen. Die Arme seitlich an den Körper nähen.

SCHWANZ

Den Schwanz nach der Anleitung für den Hamster auf Seite 28 häkeln.
Den Schwanz hinten an den Körper nähen.

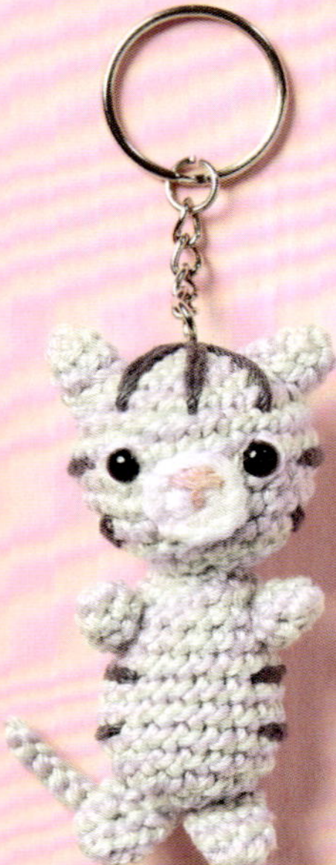

KATZE

GRÖSSE
6–8 cm

HINWEIS
Wenn nicht anders angegeben, mit hellgrauem Garn häkeln.

KÖRPER

1. Rd: 6 fM in FR häkeln. (6)
2. Rd: Jede M verd. (12)
3. Rd: Jede 2. M verd. (18)
4.–10. Rd: 18 fM häkeln. (18)
11. Rd: *1 fM, 2 fM zus*, von * bis * noch 5 x wdh. (12)
Mit Füllmaterial ausstopfen.
Arbeit beenden, dabei den Faden lang genug stehen lassen, um damit den Kopf anzunähen.
Mit dunkelgrauem Garn auf beiden Seiten des Körpers zwischen der 5. und 6. sowie 7. und 8. Rd ein geradliniges Muster, welches sich über 5 M erstreckt, aufsticken.

KOPF

1. Rd: 6 fM in FR arbeiten. (6)
2. Rd: Jede M verd. (12)
3. Rd: Jede 2. M verd. (18)
4. Rd: Jede 3. M verd. (24)
5. Rd: Jede 8. M verd. (27)
6.–8. Rd: 27 fM häkeln. (27)
Die Augen zwischen der 6. und 7. Rd mit 5 M Abstand einsetzen.
Von nun an immer wieder mit Füllmaterial ausstopfen.
9. Rd: *7 fM, 2 fM zus*, von * bis * noch 2 x wdh. (24)
10. Rd: *2 fM, 2 fM zus*, von * bis * noch 5 x wdh. (18)
11. Rd: *1 fM, 2 fM zus*, von * bis * noch 5 x wdh. (12)
12. Rd: *2 fM zus*, von * bis * noch 5 x wdh. (6)
Arbeit beenden. Mit weißem Garn die Augen besticken. Den Kopf an den Körper nähen.
Mit dunkelgrauem Garn auf beiden Seiten des Kopfes zwischen der 6. und 7. Rd ein geradliniges Muster, welches sich über 4 M erstreckt, sowie zwischen der 9. und 10. Rd ein diagonales Muster, welches sich ebenfalls über 4 M erstreckt, aufsticken. Ebenso drei gerade Linien von der 1. Rd aus in Richtung Gesicht zwischen der 4. und 5. Rd aufsticken.

SCHNAUZE

Mit weißem Garn 11 fM in FR, 1 Km in die 1. fM.
Arbeit beenden. Mit rosafarbenem Garn eine Nase aufsticken.
Mittig unter den Augen annähen.

OHR (2 X HÄKELN)

1. Rd: 4 fM in FR arbeiten. (4)
2. Rd: Jede 2. M verd. (6)
3. Rd: Jede 3. M verd. (8)
Arbeit beenden, dabei den Faden zum Annähen lang genug stehen lassen. Die Ohren nicht ausstopfen, flach drücken und oben an den Kopf nähen.

FUSS (2 X HÄKELN)

Die Füße nach der Anleitung für das Axolotl auf Seite 26 häkeln.
Die Füße an die Unterseite des Körpers nähen.

ARM (2 X HÄKELN)

Die Arme nach der Anleitung für den Hasen auf Seite 17 häkeln.
Die Arme seitlich an den Körper nähen.

SCHWANZ

12 Lm anschlagen, in die 2. Lm von der Nd aus einstechen, 11 Km.
Arbeit beenden, dabei den Faden zum Annähen lang genug stehen lassen. Den Schwanz hinten an den Körper nähen.

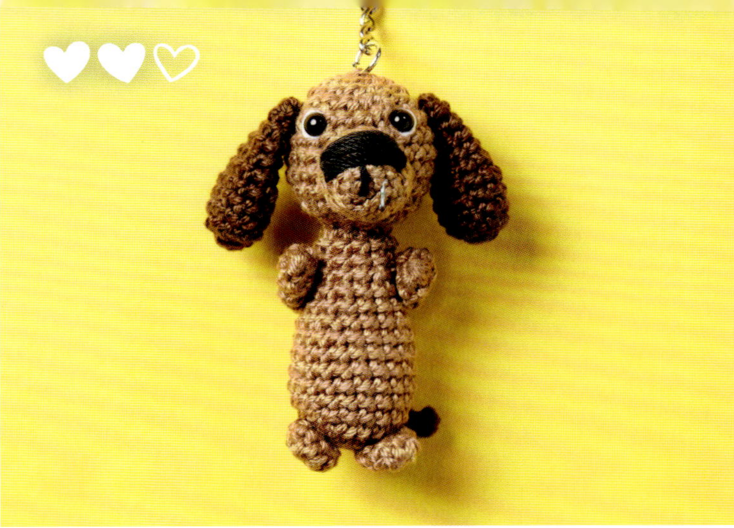

DACKEL

GRÖSSE
6–8 cm

HINWEIS
Wenn nicht anders angegeben, mit mittelbraunem Garn häkeln.

KÖRPER

1. Rd: 8 fM in FR arbeiten. (8)
2. Rd: Jede M verd. (16)
3. Rd: Jede 4. M verd. (20)
4.–9. Rd: 20 fM häkeln. (20)
10. Rd: *3 fM, 2 fM zus*, von * bis * noch 3 x wdh. (16)
11.–12. Rd: 16 fM häkeln. (16)
13. Rd: *2 fM, 2 fM zus*, von * bis * noch 3 x wdh. (12)
14. Rd: 12 fM häkeln. (12)
Mit Füllmaterial ausstopfen. Arbeit beenden, dabei den Faden lang genug stehen lassen, um damit den Kopf anzunähen.

KOPF

1. Rd: 6 fM in FR arbeiten. (6)
2. Rd: Jede M verd. (12)
3. Rd: Jede 2. M verd. (18)
4. Rd: Jede 3. M verd. (24)
5.–9. Rd: 24 fM häkeln. (24)
Die Augen zwischen der 5. und 6. Rd mit 4 M Abstand einsetzen. Von nun an immer wieder mit Füllmaterial ausstopfen.
10. Rd: *2 fM, 2 fM zus*, von * bis * noch 5 x wdh. (18)
11. Rd: *1 fM, 2 fM zus*, von * bis * noch 5 x wdh. (12)
12. Rd: *2 fM zus*, von * bis * noch 5 x wdh. (6)
Arbeit beenden. Mit weißem Garn die Augen besticken. Den Kopf an den Körper nähen.

SCHNAUZE

1. Rd: 4 fM in FR arbeiten.(4)
2. Rd: Jede M verd. (8)
3. Rd: Jede 2. M verd. (12)
4. Rd: Jede 6. M verd. (14)
5. Rd: *5 fM, 2 fM zus*, von * bis * noch 1 x wdh. (12)
Arbeit beenden, dabei den Faden zum Annähen lang genug stehen lassen. Die Schnauze zwischen der 6. und 10. Rd des Kopfes annähen und dabei mit etwas Füllmaterial ausstopfen. Mit schwarzem Garn die Nase mittig aufsticken.

OHR (2 X HÄKELN)

Mit dunkelbraunem Garn häkeln.
1. Rd: 6 fM in FR arbeiten. (6)
2. Rd: Jede M verd. (12)
3.–5. Rd: 12 fM häkeln. (12)
6. Rd: *4 fM, 2 fM zus*, noch 1 x wdh. (10)
7.–8. Rd: 10 fM häkeln. (10)
9. Rd: 8 fM, 2 fM zus. (9)
10. Rd: 9 fM häkeln. (9)
Die Ohren nicht ausstopfen. Die Ohren flach drücken und mit den gegenüberliegenden Maschen zusammenhäkeln. Arbeit beenden, dabei den Faden zum Annähen lang genug stehen lassen. Die Ohren oben an den Kopf nähen.

FUSS (2 X HÄKELN)

Die Füße nach der Anleitung für das Axolotl auf Seite 26 häkeln. Die Füße an die Unterseite des Körpers nähen.

ARM (2 X HÄKELN)

1. Rd: 5 fM in FR arbeiten. (5)
2.–4. Rd: 5 fM häkeln. (5)
Die Arme nicht ausstopfen. Arbeit beenden, dabei den Faden zum Annähen lang genug stehen lassen. Die Arme seitlich an den Körper nähen.

SCHWANZ

Mit dunkelbraunem Garn häkeln.
1. Rd: 6 fM in FR arbeiten. (6)
2. Rd: Jede M verd. (12)
3. Rd: 12 fM häkeln. (12)
Den Schwanz nicht ausstopfen. Arbeit beenden, dabei den Faden zum Annähen lang genug stehen lassen. Den Schwanz hinten an den Körper nähen.

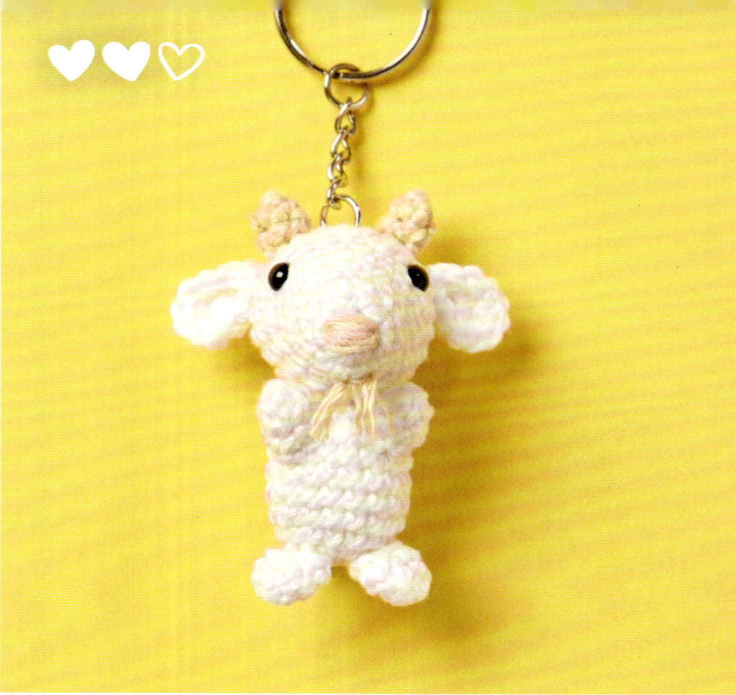

ZIEGE

GRÖSSE
6–8 cm

HINWEIS
Wenn nicht anders angegeben, mit weißem Garn häkeln.

KÖRPER

Den Körper nach der Anleitung für den Hasen auf Seite 17 häkeln.

KOPF

1. Rd: 6 fM in FR arbeiten. (6)
2. Rd: Jede M verd. (12)
3.–4. Rd: 12 fM häkeln. (12)
5. Rd: Jede 2. M verd. (18)
6.–7. Rd: 18 fM häkeln. (18)
8. Rd: Jede 3. M verd. (24)
Die Augen zwischen der 7. und 8. Rd mit 6 M Abstand einsetzen. Von nun an immer wieder mit Füllmaterial ausstopfen.
9.–11. Rd: 24 fM häkeln. (24)
12. Rd: *2 fM, 2 fM zus*, von * bis * noch 5 x wdh. (18)
13. Rd: *1 fM, 2 fM zus*, von * bis * noch 5 x wdh. (12)
14. Rd: *2 fM zus*, von * bis * noch 5 x wdh. (6)
Arbeit beenden. Mit rosafarbenem Garn eine Nase aufsticken. Unterhalb der Schnauze mit hellbraunem Garn einen Ziegenbart aufsticken. Den Faden dabei auf 1 cm kürzen und aufdröseln.
Den Kopf an den Körper nähen.

HORN (2 X HÄKELN)

Mit hellbraunem Garn häkeln.
1. Rd: 4 fM in FR arbeiten. (4)
2. Rd: 4 fM häkeln. (4)
3. Rd: Jede 2. M verd. (6)
Arbeit beenden, dabei den Faden zum Annähen lang genug stehen lassen. Die Hörner oben an den Kopf nähen.

OHR (2 X HÄKELN)

Die Ohren nach der Anleitung für das Schaf auf Seite 34 häkeln. Die Ohren oben an den Kopf nähen.

FUSS (2 X HÄKELN)

1. Rd: 6 fM in FR arbeiten. (6)
2.–3. Rd: 6 fM häkeln.(6)
Die Füße nicht ausstopfen. Arbeit beenden, dabei den Faden zum Annähen lang genug stehen lassen. Die Füße an die Unterseite des Körpers nähen.

ARM (2 X HÄKELN)

Die Arme nach der Anleitung für den Hasen auf Seite 17 häkeln. Die Arme seitlich an den Körper nähen.

SCHWANZ

Den Schwanz nach der Anleitung für den Hamster auf Seite 28 häkeln. Den Schwanz hinten an den Körper nähen.

PINGUIN

GRÖSSE
6–8 cm

HINWEIS
Wenn nicht anders angegeben, mit mittelgrauem Garn häkeln.

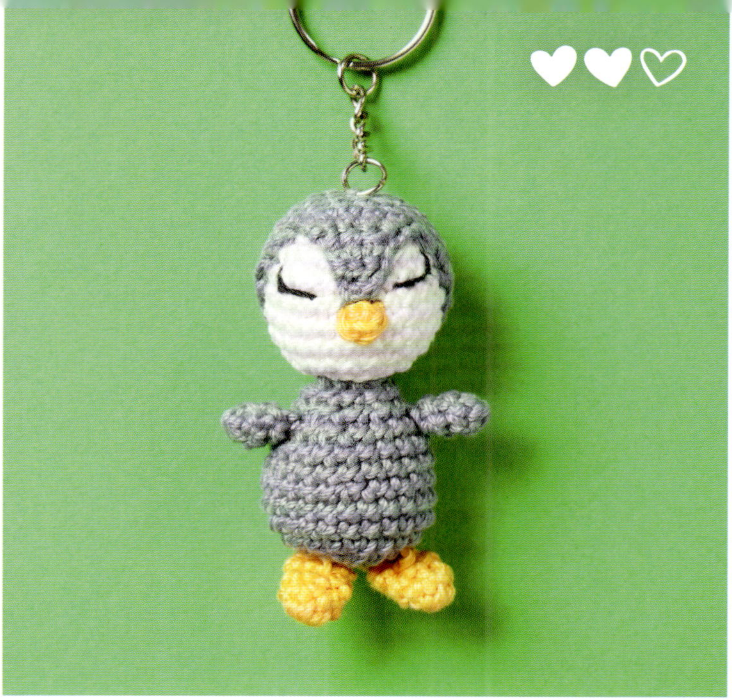

KÖRPER

1. Rd: 6 fM in FR arbeiten. (6)
2. Rd: Jede M verd. (12)
3. Rd: Jede 2. M verd. (18)
4. Rd: Jede 3. M verd. (24)
5.–6. Rd: 24 fM häkeln. (24)
7. Rd: *6 fM, 2 fM zus*, von * bis * noch 2 x wdh. (21)
8.–9. Rd: 21 fM häkeln. (21)
10. Rd: *5 fM, 2 fM zus*, von * bis * noch 2 x wdh. (18)
11. Rd: *1 fM, 2 fM zus*, von * bis * noch 5 x wdh. (12)
Mit Füllmaterial ausstopfen. Arbeit beenden, dabei den Faden lang genug stehen lassen, um damit den Kopf anzunähen.

KOPF

Mit weißem Garn häkeln.
1. Rd: 6 fM in FR arbeiten. (6)
2. Rd: Jede M verd. (12)
3. Rd: Jede 2. M verd. (18)
4. Rd: Jede 3. M verd. (24)
5.–8. Rd: 24 fM häkeln. (24)
Von nun an immer wieder mit Füllmaterial ausstopfen.
9. Rd: *2 fM, 2 fM zus*, von * bis * noch 5 x wdh. (18)
10. Rd: *1 fM, 2 fM zus*, von * bis * noch 5 x wdh. (12)
11. Rd: *1 fM zus*, von * bis * noch 5 x wdh. (6)
Arbeit beenden. Mit schwarzem Garn die Augen zwischen der 5. und 6. Rd aufsticken. Den Kopf an den Körper nähen.

KOPFMUSTER

1. Rd: 6 fM in FR arbeiten. (6)
2. Rd: Jede M verd. (12)
3. Rd: Jede 2. M verd. (18)
4. Rd: Jede 3. M verd. (24)
5.–8. Rd: 24 fM häkeln. (24)
Von nun an wird in R weitergehäkelt. Arbeit wenden, dabei keine Lm häkeln.
9. R: 5 fM häkeln. (5)
10. R: Wenden, 2 fM zus, 1 fM, 2 fM zus. (3)
11. R: Wenden, 3 fM. (3)
12. R: Wenden, 2 fM zus, 1 fM. (2)
Arbeit beenden, dabei den Faden lang genug stehen lassen. Über den Kopf ziehen und annähen.

SCHNABEL

Mit orangefarbenem Garn 3 fM in FR arbeiten.
Arbeit beenden, dabei den Faden zum Annähen lang genug stehen lassen.
Den Schnabel direkt unter der 12. R des Kopfmusters annähen.

FUSS (2 X HÄKELN)

Die Füße nach der Anleitung für das Axolotl auf Seite 26 mit orangefarbenem Garn häkeln. Die Füße an die Unterseite des Körpers nähen.

ARM (2 X HÄKELN)

Die Arme nach der Anleitung für den Hasen auf Seite 17 häkeln. Die Arme seitlich an den Körper nähen.

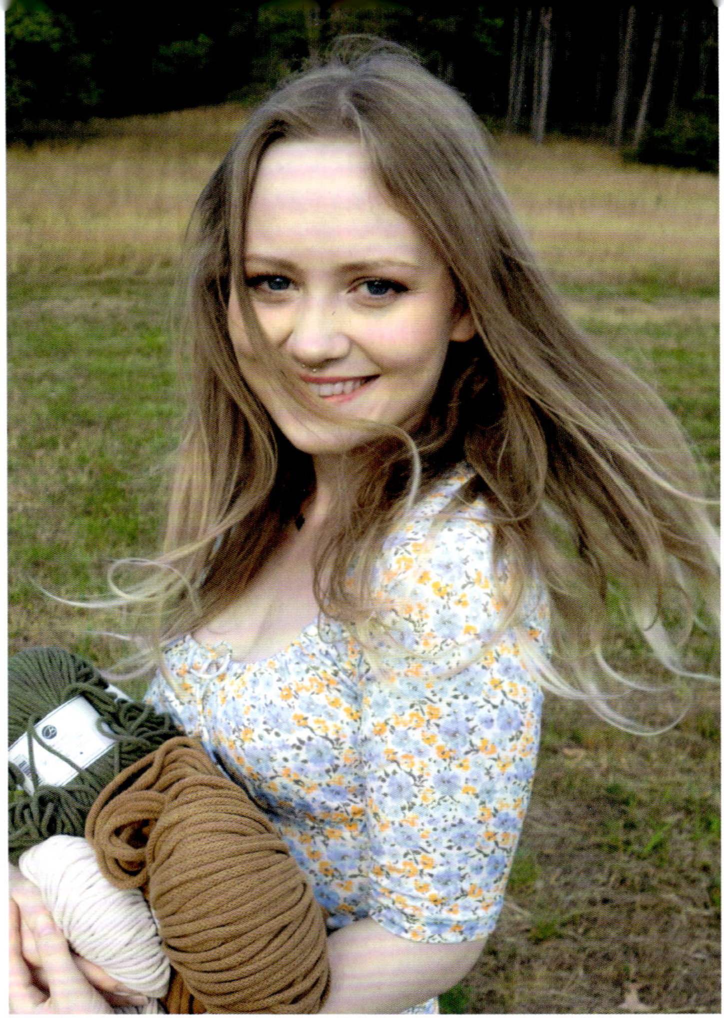

ÜBER DIE AUTORIN

Natalie Nar, geboren 2000 im bayerischen Altmühltal, war schon immer ein kreativer Kopf und begeistert sich vor allem für Handarbeiten. Als sie das Häkeln für sich entdeckte, fing sie schon bald an, ihre eigenen Anleitungen zu veröffentlichen und sich mit der Zeit ein kleines Business aufzubauen.

Das Label bekam somit einen Namen und mittlerweile verkauft sie unter „häkelgedöns" auch diverse Häkel-Sets, Handgemachtes und Material in ihren Onlineshops. Auf Instagram (@haekelgedoens) hält sie ihre Community regelmäßig auf dem Laufenden und sorgt für Inspiration.

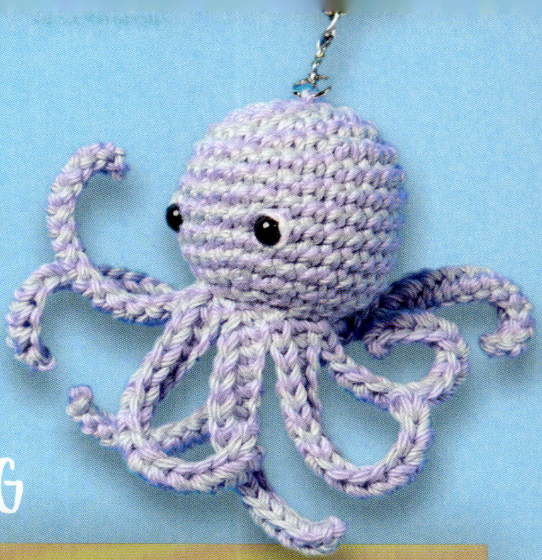

DANKSAGUNG

Ein besonderer Dank gilt dem Verlag, der mir die Möglichkeit gegeben hat, meine Kreativität und mein Fachwissen zu teilen. Die Zusammenarbeit hat mir großen Spaß gemacht und ich freue mich, dass mein Buch nun Teil eures Verlagsprogramms ist.

Ein großer Dank gebührt auch den Garnherstellern Schachenmayr, Scheepjes und Buttinette, die ihre wunderbaren Produkte bereitgestellt haben. Ihre hochwertigen Materialien waren eine grundlegende Voraussetzung für die gelungenen Häkelprojekte in diesem Buch.

Meiner Familie möchte ich ebenfalls von Herzen danken. Ihr Rückhalt hat stets dazu beigetragen, dass ich dieses Buchprojekt verwirklichen konnte.

Ein weiteres Dankeschön geht an meine lieben Testhäklerinnen Damaris P., Nina B., Michaela K. und Michaela B., die stets zuverlässig meine Anleitungen getestet haben.

Und nicht zuletzt möchte ich mich bei dir bedanken. Danke, dass du dieses Buch gekauft hast und dich von meinen Kreationen inspirieren lässt. Ich wünsche dir viel Spaß beim Häkeln und Eintauchen in die Welt der Sweet Minis.

Herzliche Grüße,
Natalie

IMPRESSUM

Bibliografische Information der Deutschen Bibliothek.

Die Deutsche Bibliothek verzeichnet diese Publikation in der Deutschen Nationalbibliografie.
Detaillierte bibliografische Daten sind im Internet über http://www.dnb.de/ abrufbar.

Bei Fragen zur Produktsicherheit wenden Sie sich an

Edition Michael Fischer GmbH
Kistlerhofstr. 70
81379 München
kontakt@emf-verlag.de

EIN BUCH DER
EDITION MICHAEL FISCHER

4. Auflage 2025

Covergestaltung:
Carolin Mayer und Jonas Högerl
Bilder: © Holger Albrich, München
Illustrationen: Herzen Cover: © Random Illustrator/ Shutterstock; Wollillustrationen: ©Nadiinko/ Shutterstock
Redaktion und Lektorat: Saskia Reusch
Layout und Satz: Jonas Högerl

ISBN 978-3-7459-1802-1

Gedruckt bei C&C Offset Printing Co., LTD., 14/F, C&C Building, 36 Ting Lai Road, Tai Po, N. T. Hong Kong, China

www.emf-verlag.de